SPIELERISCH
LERNEN 4
Kreative Ideen für Eltern

Die Autorin:

Sandra Goetz ist Pressesprecherin einer Internetfirma. Die studierte Soziologin arbeitete zuvor als freie PR-Beraterin und Autorin für Lifestyle-und Jugendmagazine. Sie engagiert sich sowohl im Freundeskreis als Babysitter als auch für internationale Hilfsorganisationen wie PLAN und Unicef.

Für mein Patenkind Luna,
Celina und Latida, Moritz,
Naomi und Nadim.

*Denn wir können Kinder nach
unserem Sinne nicht formen/
So wie Gott sie uns gab/
So muss man sie haben und lieben/
Sie erziehen aufs beste und
jeglichen lassen gewähren
J.W. von Goethe in
„Hermann und Dorothea"*

6 bis 9 Jahre

Sandra Goetz

So begleiten Sie Ihr Kind durch die Grundschule

Ratgeber & Spielbuch

SPIELERISCH LERNEN 4
Kreative Ideen für Eltern

TRIAS

Leserservice:

Wenn Sie Fragen oder Anregungen zu diesem Buch haben, schreiben Sie uns an:
TRIAS Verlag
Postfach 301107
D-70451 Stuttgart
oder schicken Sie eine E-mail an:
trias.lektorat@thieme.de

Covergestaltung und Layout:
Cyclus · Visuelle Kommunikation, Stuttgart
unter Verwendung eines Fotos von
Stock Maket.

Lektorat und Bildredaktion:
Thomas Kopal, Tamara Rose

Bildnachweis:
Heidi Velten, Kempten.
S. 67, 68 Zefa,

Die Deutsche Bibliothek –
CIP-Einheitsaufnahme

Ein Titeldatensatz für diese Publikation ist bei der Deutschen Bibliothek erhältlich.

Dieses Buch wurde in neuer deutscher Rechtschreibung verfasst.

Gedruckt auf chlorfrei gebleichtem Papier

Rüdigerstraße 14, D-70469 Stuttgart
Printed in Germany
Satz: Cyclus · Media Produktion
Druck: Westermann-Druck, Zwickau

ISBN 3-89373-595-X

Schöne, bunte Welt – und Schule

Die Schule stellt einen Meilenstein in der Entwicklung Ihres Kindes dar und prägt es in starkem Maße. Dieser Ratgeber möchte Ihnen Anregungen und Beispiele geben, wie Sie Ihr Kind die nächsten Jahre begleiten und unterstützen können. Hierbei geht es jedoch nicht darum, Ihnen die besten Lernmethoden für das Abc, Mathematik und Rechtschreibung zu vermitteln – darüber gibt es bereits Dutzende von Ratgebern und Lernmaterialien. Viel wichtiger ist es, die Persönlichkeitsentwicklung Ihres Kindes unter ganzheitlichen Entwicklungsaspekten zu betrachten und diese in einen Zusammenhang mit der schulischen Herausforderung zu stellen.

Ein neuer Lebensabschnitt

Während die Entwicklung von Babys und Kleinkindern bestens erforscht und dokumentiert ist, stellt die körperliche, geistige und emotionale Entwicklung von Grundschülern bei vielen Entwicklungspsychologen eine Art „weiße Landkarte" dar. Warum? Weil Kinder in den Grundschuljahren als relativ stabil gelten. Die frühkindlichen Abhängigkeiten sind vorbei, wie auch die meisten Kinderkrankheiten, und die Pubertät mit ihren Irrungen und Wirrungen liegt noch in weiter Ferne.

Das Erreichen der Schulreife oder auch die Schulfähigkeit stellt eigentlich nur fest, ob Ihr Kind die normierten Lernvoraussetzungen mitbringt, die für den Schuleintritt erforderlich sind, sagt jedoch wenig über den tatsächlichen Entwicklungsstand Ihres Kindes aus. Ob die Kinder wirklich so stabil sind, steht auf einem ganz anderen Blatt. Eines ist zumindest sicher: Mit dem Eintritt in die Schule schließt Ihr Kind einen bedeutsamen Abschnitt seines Lebens ab – um einen neuen anzufangen, der sein ganzes Leben prägen wird.

Spätestens vom Schuleintritt an wird es unmöglich, Entwicklungsverläufe unabhängig vom Schulbesuch zu erklären und zu beschreiben. Und Eltern haben nur noch wenige Jahre Zeit, die körperliche, geistige und emotionale Entwicklung ihrer Kinder zu beeinflussen. Leider wird nicht nur bereits in der Grundschule, sondern auch in vielen Elternhäusern die reine Wissensvermittlung als höchster Wert betrachtet, d. h. die kognitiven Fähigkeiten stehen im Vordergrund.

Die Schule bietet Kindern die Möglichkeit, jenseits des Elternhauses Anerkennung und Bestätigung für eigene Leistungen zu bekommen.

Bücher lesen eröffnet dem Kind neue Welten und regt die Fantasie an.

Viel Bewegung für helle Köpfe

Neueste Untersuchungen ergeben jedoch, dass die ersten zehn bis zwölf Jahre im Zeichen der körperlichen Bewegung stehen. Jeder Mensch bildet seine Sinne durch Bewegung und Spiel, durch den Körper aus. Deswegen ist es wichtig, dass Ihrem Kind ein gesundes Körperbewusstsein vermittelt wird, auch im Hinblick auf die spätere Entwicklung. Die Jugendgesundheitsuntersuchung „J1“ wird, je nach Gegend, nur von 14 bis höchstens 40 Prozent der Zehn- bis Dreizehnjährigen wahrgenommen.

Die Heranwachsenden interessieren sich zwar für ihre Pickel und nehmen selbst die Qualen der Zahnregulierung in Kauf, für die Gesundheit ihrer Organe zeigen jedoch die Wenigsten Interesse. Bei 40 bis 60 Prozent der Jungen und Mädchen finden die Kinder- und Jugendärzte behandlungsbedürftige Gesundheitsstörungen. Das nachlässige Vorsorgeverhalten ist aber nicht allein den Heranwachsenden anzulasten:

Bereits im Vorschulalter lassen manche Eltern die Vorsorge „schleifen“. Die U9 wird zehn Jahre nach ihrer Einführung von weniger als 70 Prozent der Fünfjährigen in Anspruch genommen. Nur 60 Prozent aller Schulanfänger weisen ein lückenloses Vorsorgeheft auf. Die Grundlagen für Haltungs- und sonstige Gesundheitsschäden sind somit bereits früh gelegt. Und daran können und sollten Sie etwas ändern! Ein Schwerpunkt dieses Ratgebers liegt deswegen darin, Ihnen die Wichtigkeit der grob- und feinmotorischen Entwicklung Ihres Kindes auch für die geistige und emotional-soziale Entwicklung nahe zu bringen.

Wenn Ihr Kind lesen lernt...

“Die Eltern holen ihr Kind dort ab, wo es steht.“ Dieser erstrebenswerte Vorsatz ist zwar weit verbreitet, aber für viele Eltern schwer umzusetzen. Oftmals hindern tradierte Erziehungsvorstellungen, Erwartungen und Ängste Eltern daran, sich an den Verhaltensweisen, Interessen und individuellen Bedürfnissen ihres Kindes zu orientieren. Und außerdem: Jedes Kind ist unterschiedlich und braucht ein unterschiedliches Maß an Führung und Zuwendung.

„Wissen“, so der bekannte Schweizer Professor Remo H. Lago, „kann Eltern in ihrer Kompetenz stärken, so dass sie weniger in alte Erziehungs-

Schreiben zu lernen stellt das Kind vor ganz neue Anforderungen.

muster zurückfallen". Wissen soll Eltern also ermuntern, eigene Selbstverständlichkeiten, Gewohnheiten und Ideale immer wieder kritisch zu hinterfragen und auch den Finger in alte anerzogene Wunden zu legen, um diese nicht bewusst oder unbewusst auf ihr Kind zu übertragen.

Da Wissen allein nicht ausreicht, ist es wichtig auf die Verhaltenssignale Ihres Kindes zu achten. Verhalten ernst nehmen heißt, die Bedürfnisse des Kindes ernst nehmen. „Eine Schwierigkeit für Eltern ist, dass sie nur diejenigen Verhaltenssignale wahrnehmen, die sie auch kennen. Eine hilfreiche Strategie in Situationen, in denen Sie nicht mehr weiter wissen, ist es, das Verhalten des Kindes aufzuzeichnen", erklärt Professor Lago. Die Bedürfnisse äußern sich zumeist körperlich. Natürlich kann es nicht darum gehen, alle Bedürfnisse des Kindes zu befriedigen. Was ein Kind erwartet, ist, dass seine Verhaltensäußerungen ernst genommen werden und Eltern angemessen darauf reagieren.

Schule fordert die Persönlichkeit

Die Grundschuljahre Ihres Kindes sind von unzweifelhafter Bedeutung für die Persönlichkeitsentwicklung Ihres Kindes, seine soziale Reifung und seinen weiteren Lebensweg. Sowohl für Eltern als auch für Lehrer ist es eine Binsenweisheit, dass sich manche Kinder besser in das schulische Leben einfügen als andere. Für einen Teil der Kinder ist der Übertritt in die Schule kein Problem, im Gegenteil: Sie finden sich gut zurecht, freuen sich auf den nächsten Schultag, haben eine Menge Kontakte und fühlen sich den Anforderungen, die an sie gestellt werden, gewachsen. Ein anderer Teil der Kinder fügt sich nur schwer ein, ist unruhig oder unaufmerksam, zeigt Ängstlichkeit und Zurückgezogenheit und hat kein gutes Verhältnis zum Lehrer.

Hier ist es ganz besonders wichtig, dass Ihr Kind den familiären Rückhalt erhält, den es braucht. Auch hier geht es darum, Ihr Kind „lesen" zu lehren und seine Verhaltenssignale ernst zu nehmen – aber auch nicht über zu bewerten. Entwicklungen verlaufen nicht immer geradlinig, sondern oftmals in Schüben. Was heute als unüberwindbare Hürde erscheint, kann in wenigen Wochen übersprungen sein. Kinder lassen sich nicht normieren – und das ist auch gut so.

Stabile Kinder aus stabilen Familien?

„Was kommt nach der Familie?", fragt die Soziologin Elisabeth Beck-Gernsheim in ihrem gleichnamigen Buch. Um die Antwort gleich vorwegzunehmen: Familie! In der westlichen Industriegesellschaft der 50er und 60er Jahre war es vollkommen klar, wie das traditionelle Leitbild einer Familie auszusehen hat: Vater, Mutter und ein bis zwei Kinder. Heute ist eine Vielfalt von Lebens-, Liebes- und Beziehungsformen entstanden, die sowohl in der Politik als auch in der Wissenschaft vernachlässigt werden.

Immer noch sind Statistiker auf die klassische Kernfamilie fixiert. Über sie weiß man alles bis auf die dritte Stelle hinter dem Komma. Aber was ist mit einer „Stieffamilie"? Als gesichert gilt, dass in Deutschland von den rund 10 Millionen Familien mit Kindern rund 1,5 Millionen zusammengewürfelt sind: Eine Million lebt mit Trauschein zusammen, etwa eine Million ohne Amtssiegel, vielleicht sind es gar 2,5 Millionen Stieffamilien.

Als Stieffamilie gilt dabei jede Partnerschaft mit Kindern, bei der mindestens ein Elternteil nicht die leibliche Mutter oder der Vater ist. Mal bringt nur ein Partner Kinder mit, mal beide. Oft kommt eigener Nachwuchs hinzu. Von den 192 000 Scheidungen des Jahres 1998 sind rund 160 000 Kinder betroffen. 60 Prozent der Eltern wenden sich neuen Partnern zu und es entstehen neue Stieffamilien.

Die Bilderbuchfamilie: Utopie der Vergangenheit?

Neuerdings interessieren sich immer mehr Sozialwissenschaftler für die so genannten Patchwork-Familien (Flickwerkfamilien). „Kinder haben dann keine großen Probleme mit der neuen Familie, wenn man ihnen ihre Beziehungen zum außerhalb lebenden Elternteil lässt", so die Sozialwissenschaftler Markus Teubner und Heinz Schattner vom Deutschen Jugendinstitut in München.

Neben den Stieffamilien müssen natürlich auch die allein Erziehenden beachtet werden. In den Statistiken wird diese Gruppe zumeist als einzelne Größe zusammengefasst und nicht unter getrennt lebend, geschieden oder gar verwitwet unterschieden. Ebenso wichtig: Kinder, die aus einer ausländischen Verbindung stammen - und das ist mittlerweile jedes fünfte Kind in der Bundesrepublik. Immer mehr gerät hier aus dem Blickfeld, wie sich diese neue Familienwirklichkeit auf den schulischen Alltag der Kinder auswirkt – und wie die Schule auf die neue Wirklichkeit reagiert.

Die meisten Grundschulbücher sind total veraltet und propagieren immer noch das Glück der Kernfamilie: Die Mutter ist ein Leben lang Hausfrau und der Vater geht arbeiten. Nicht wenige Kinder glauben ein Defizit zu haben, weil sie vielleicht ohne Vater oder ohne Mutter aufwachsen und stehen in ständigen Erklärungsnöten, dass auch die Mutter arbeiten muss, um den Lebensunterhalt zu verdienen. Wie gehen die Lehrer damit um? Was wird Ihrem Kind über die vielen unterschiedlichen Familienwirklichkeiten, die ebenso grundlegend für die Entwicklung Ihres Kindes sind, vermittelt? Nicht nur die Schule ist für die weitere Persönlichkeitsentwicklung und den Lebensweg Ihres Kindes entscheidend, ebenso ist es die Familie, egal, für welche Lebensform Sie sich entschieden haben oder sich im Laufe des Lebens entscheiden werden.

Gemeinsame Aktivitäten stärken den Zusammenhalt in der Familie.

Praktische Tipps zur Theorie

Natürlich kann dieser Ratgeber mangelnde Forschungsergebnisse hinsichtlich der ganzheitlichen Entwicklung von Grundschülern nicht vorwegnehmen. Was dieser Ratgeber jedoch kann, ist, Ihnen Anregungen und Möglichkeiten aufzuzeigen, wie Sie Ihr Kind durch den neuen Lebensabschnitt begleiten können, der durch die Grundschuljahre geprägt ist.

Dabei geht es darum, Informationen über wichtige Entwicklungsschritte in den Jahren von sechs bis neun zu beschreiben. Diese sind in die Abschnitte „körperliche", „geistige" und emotionale „Entwicklung" unterteilt. In der linken Spalte erfahren Sie die jeweiligen Entwicklungsschritte, das, was in den jeweiligen Lebensaltern von Bedeutung ist. Die rechte Spalte gibt Ihnen zusätzliche Informationen, Tipps oder Anregungen für Spiele und Wissenswertes.

6 bis 7 Jahre

Weltmeister im Spielen

Spielerische Bewegungsvielfalt ist die Grundlage ausgeglichener Emotionen und intellektueller Entwicklung. Bewegung macht Spaß und bringt Freude. Freude bringt Lachen. Lachen bringt den Kreislauf auf Touren, regt das Immunsystem und die Verdauung an. Deswegen lieben gesunde Kinder Bewegung. Sie wissen instinktiv, was wir Erwachsenen erst wieder lernen müssen.

Körperliche Entwicklung

Robust und stark

Konnte Ihr Kind im fünften und sechsten Lebensjahr noch keinen perfekten Purzelbaum schlagen, geschweige denn auf Bäume klettern, so baut es genau diese Fähigkeiten im siebten Lebensjahr aus: Rad fahren, Schwimmen, blind rückwärts gehen ohne zu stolpern; Balancieren, ein bis zwei Liegestützen machen oder auf Schränke klettern und dort die Fernbedienung für die Stereoanlage zu verstecken – kein Problem für gesunde Sechsjährige.

➡ ***Beobachten Sie** über einen Zeitraum von zwei Monaten, welche Aktivitäten Ihr Kind bevorzugt. Verschaffen Sie sich einen Überblick und stellen Sie eine Liste zusammen, an der Sie ablesen können, wo die Stärken und Schwächen in den Bewegungsabläufen und -interessen Ihres Kindes liegen. Es gilt: Stärken werden gefördert, an Schwächen wird gearbeitet.*

Schritte der Entwicklung

- Der Körper des Kindes streckt sich und wird schlanker.
- Die Durchschnittsgröße bei Mädchen beträgt 117, bei Jungen 119 Zentimeter. Das Kind wächst jetzt etwa 6 bis 7 Zentimeter pro Jahr.
- Die extreme kindliche X-Beinstellung geht zurück.
- Am Brustkorb zeichnen sich Rippen und Muskeln deutlich ab.
- Die ersten Milchzähne fallen aus und der Zahnwechsel erfolgt mit dem Durchbruch der Sechser-Molaren (Backenzähne).
- Das Gesicht verliert seine kindlichen Züge, der Schädelumfang nimmt zu.
- Mädchen wiegen am Ende des sechsten Lebensjahres im Durchschnitt 19,4 Kilogramm, Jungen sind etwa ein Kilogramm schwerer.

Während Mädchen in der Vorschulzeit gegenüber den Jungen im Springen, Laufen und bei rhythmischen Bewegungen geschickter sind, zeigen sich Jungen in grobmotorischen Bewegungen überlegen, die vorwiegend Körperkraft benötigen wie Bälle werfen, kicken oder fangen. Im Einschulungsalter können Jungen den Vorsprung der Mädchen ausgleichen, indem sie schnell differenzierte, motorische Koordinationsleistungen zeigen. Nun werden Fertigkeiten wie Rad fahren, Schlittschuh laufen oder Inline-Skaten von Jungen wie Mädchen gleichermaßen gerne gelernt und vom Bewegungsablauf optimiert.

Mit jeder Bewegung, die Ihr Kind selbstständig lernt und ausführt, erweitert es seinen Aktionsradius und erobert sich ein Stück mehr Autonomie. Alle Bewegungsformen und Bewegungsspiele stärken die Motorik, die Muskelkraft, die räumliche Orientierung und fördern die Selbstständigkeit und die Lernbereitschaft Ihres Kindes.

➡ ***Blinde Kuh.*** ***Bei diesem „Klassiker“*** *unter den Koordinationsspielen sollten mindestens drei Personen mitmachen. Schön wäre es, wenn neben Ihrem noch mindestens ein weiteres Kind daran teilnimmt. Ein Spieler mit verbundenen Augen ist umgeben von anderen Mitspielern, die sich innerhalb eines abgesteckten Areals in der Wohnung, im Garten oder auf dem Spielplatz bewegen dürfen. Wer die Augen verbunden hat, ist die „Blinde Kuh“ und muss die anderen fangen. Wichtig ist, keiner darf rennen und alle müssen ständig umher gehen, damit die Blinde Kuh die Schritte orten kann. Hat die Blinde Kuh jemanden gefangen, muss sie durch Abtasten herausbekommen, wer es ist. Rät die Blinde Kuh richtig, so übernimmt ihr „Opfer“ in der nächsten Runde die Rolle. Wird falsch geraten, heißt es „auf ein Neues“ – und die Blinde Kuh muss weitersuchen.*

Achtung Koordinationsmängel!

Wie wichtig eine gute körperliche Verfassung ist, zeigt die Tatsache, dass heute bereits bei der Einschulung zwei von fünf Kindern an muskulären Schwächen und Koordinationsproblemen leiden. 60 Prozent haben Haltungsschäden. Die betroffenen Kinder können nicht mit geschlossenen Augen in einer geraden Linie rückwärts gehen und sich bei Stürzen nicht abfangen. Nerven und Muskeln arbeiten zwar meist normal, doch das Gehirn vermag sie nicht aufeinander abzustimmen.
Warum? Den meisten Kindern fehlt es an motorischer Erfahrung. Zum einen wird der kindliche Bewegungsdrang durch enge Wohnungen oder lärmempfindliche Nachbarn eingeschränkt. Zum anderen setzen verkehrsreiche Straßen und zugeparkte Bürgersteige den Kindern klare Grenzen. Weitere Bewegungskiller sind falsches, perfektionistisches Spielzeug, zu viel Fernseh-, Video- oder Computerkonsum.

Aber auch überfürsorgliche Eltern, die aus lauter Angst vor Verletzungen ihr Kind nicht gerne unbeaufsichtigt und mit den Freunden

➡ ***Koordination üben.** Bevor bei Ihnen die Alarmglocken läuten und Sie den Kinderarzt oder eine bewegungstherapeutische Einrichtung aufsuchen, sollten Sie folgendes Spiel mit Ihrem Kind spielen:*

- ***„Hund sein" – oder abgewandelt** das Lieblingstier Ihres Kindes. Dieses Spiel fördert nicht nur die motorischen Fähigkeiten, sondern ebenso die visuelle und auditive Wahrnehmung.*
- ***Zuerst gehen alle Beteiligten normal**, dann laufen alle auf allen Vieren. Die Arme und Beine der Gegenseite werden gleichzeitig bewegt.*
- ***Jetzt tun Ihr Kind und alle Beteiligten** so, als seien sie ein lahmender Hund. Sie gehen nur auf einem Fuß und zwei Händen und ziehen das lahmende Bein nach. Versuchen Sie, auf diese Weise zu laufen.*
- ***Sie sind immer noch lahmende** Hunde, aber gehen auf zwei Füßen und einer Hand.*

➡ ***Tipp: Laden Sie oft die Spielkameraden** Ihres Kindes ein. Es ist immer schön, wenn sich Kinder aneinander orientieren können.*

alleine auf einen Spielplatz gehen lassen, hemmen den natürlichen Bewegungsdrang ihres Kindes.

Ist unser Kind schulreif?

Schulreife ist ein Begriff, der schon lange nicht mehr allein durch die Intelligenzentwicklung bestimmt wird. Ein Hinweis für die körperliche Schulreife Ihres Kindes ist die Veränderung seiner kindlichen Gestalt in die „Schulkindform". Die Körperproportionen verschieben sich zugunsten längerer Extremitäten. Eine Veränderung, die zwischen dem sechsten und siebten Lebensjahr beginnt.
Das Erreichen der Schulkindform alleine sagt eigentlich nichts aus über die sonstigen Fähigkeiten Ihres Kindes, den Schuleintritt erfolgreich zu meistern. Für Kinder ist der Gestaltswandel jedoch emotional und körperlich anstrengend. Deswegen ist es wünschenswert, wenn Ihr Kind diesen körperlichen Wandel beim Schuleintritt weitgehend vollzogen hat.

Eine spätere körperliche Entwicklung kann deshalb eine Zurückstellung von schulärztlicher und pädagogischer Seite ratsam erscheinen lassen. Neben dem Aus-

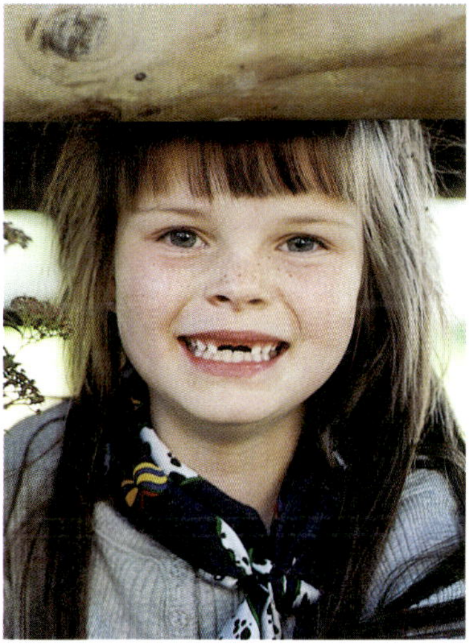

Die körperliche Entwicklung des Kindes ist Voraussetzung für seine Schulreife.

***Schultest:** Der wohl bekannteste und seit Urzeiten gebräuchlichste Schultest ist das Philippinermaß: Wenn Ihr Kind mit dem über den Kopf gelegten Arm das gegenüberliegende Ohr erreichen kann, hat es die Kleinkindform hinter sich gelassen.*

fall der Milchzähne gibt es mehrere Tests, die zeigen, wann Ihr Kind „rein körperlich" die Schulreife erreicht hat.

Körperliche Hinweise auf die Schulreife

Der erste Schultag liegt für Ihr Kind zwischen seinem sechsten und siebten Geburtstag. Um als schulreif gelten zu können, muss neben dem Philippinermaß noch ein ganz bestimmter Entwicklungsstand erreicht und bestimmte Voraussetzungen rein körperlicher Natur gewährleistet sein. Schließlich muss das Kind den neuen Anforderungen, den der Schulalltag stellt, nicht nur geistig und emotional, sondern auch körperlich gewachsen sein.

Das Hauptaugenmerk wird fälschlicherweise bei vielen Eltern auf die intellektuelle Entwicklung und das schulische Vorwissen gelegt. Die in fast allen Bundesländern obligatorische schulärztliche Untersuchung misst neben Größe, Gewicht und dem allgemeinen Entwicklungsstand auch die motorischen Fähigkeiten. So können die meisten Sechsjährigen bereits vor Schuleintritt bis 20, viele gar bis 100 zählen, aber das Stillsitzen

➡ ***Tipp: Üben Sie mit Ihrem Kind das*** *Schleifen-Binden am Schuh. Es gibt nichts Stressigeres für eine Lehrerin als 20 Kindern nach dem Sportunterricht die Schuhe zu binden.*

➡ ***Check zur Schulreife. Die Ärztin*** *Elisabeth Aust-Claus und Diplom-Psychologin Petra-Marina Hammer haben einen Fragenkatalog erstellt, der es Ihnen vorab ermöglicht, sich bezüglich der körperlichen Schulreife Ihres Kindes zu orientieren. Prüfen Sie bei den folgenden Fragen, wie viele Sie mit „Ja" beantworten können:*

- *Sieht und hört Ihr Kind gut?*
- *Beherrscht es seinen Körper gut?*
- *Kann Ihr Kind sich allein an- und ausziehen?*
- *Kann es das Gleichgewicht halten und z.B. auf einem Bein stehen?*
- *Hat es gut koordinierte, „fließende" Bewegungen oder ist Ihr Kind „tapsig" und „tollpatschig"?*
- *Kann es Bewegungen wie den Hampelmann nachmachen?*

im Unterricht und aufmerksam Zuhören fällt ihnen schwer.
Viele Kinder beherrschen bereits das Abc, haben jedoch Schwierigkeiten einen Bleistift in der Hand zu halten. Die körperliche Fitness ist ebenso wichtig wie die emotionale Bereitschaft zur Schule zu gehen. Ihr Kind muss sich den Raum Schule mit Pausenhof, Klassenzimmer und Sitzordnung auch körperlich „erarbeiten": Erlebt Ihr Kind die ersten Schulwochen als starke körperliche Anstrengung, wird ihm die Lust aufs Lernen genommen.

Früh übt sich: Achtung Verkehr!

In der Grundschule wird richtiges Verkehrsverhalten erst in der dritten Klasse gelehrt. Deswegen ist es absolut notwendig, dass Sie Ihr Kind bei Schuleintritt verkehrssicher machen. Der Tag wird kommen, an dem Ihr Kind seinen Schulweg alleine bewältigen muss und dieses auch will.
Die häufigste Unfallursache bei sechsjährigen Schulanfängern ist das Überqueren der Fahrbahn. Laut ADAC kommt es besonders an Zebrastreifen zu vielen Unfällen, weil die ABC-Schützen sich in trügerischer Sicherheit wiegen und

– Kann es rückwärts gehen?

– Kann es mit Buntstiften, Schere und Papier umgehen?

– Kann es den Stift im Daumen und Zeigefinger halten?

– Malt Ihr Kind gerne?

– Kann es Linien zeichnen?

– Kann es Menschen mit Kopf, Körper und Gliedmaßen zeichnen?

Üben, üben, üben – Die wichtigste Voraussetzung für richtiges Verhalten im Straßenverkehr.

Spielen ist Leben, Lernen ist Spiel

Vielen Eltern ist der Zusammenhang zwischen Spiel und Bewegung einerseits und den Auswirkungen auf das schulische Lernen andererseits nicht bekannt. Das Spielen mit Lego, Kasperltheater, Puppenhaus, Würfel- und Brettspielen oder Playmobil unterstützt die Konzentration, die Fantasie und das soziale Lernen. Es unterstützt die Gruppenfähigkeit und Ausdruckskraft.

Bewegungs- und Gruppenspiele wie Blinde Kuh, Räuber und Gendarm, Schnitzeljagd, aber auch Ballspiele sind die Grunderfahrungen für Mengenbildung, Koordination, Zahlbegriffe und physikalische Gesetzmäßigkeiten. Vorgelesen bekommen, Kinderreime sprechen, malen und erzählen fördern die Ausdrucksfähigkeit und erleichtern das Erlernen von Lesen und Schreiben.

Bereits Ende der sechziger Jahre erkannte der französische Psychologe Jean Piaget in den sensomotorischen Fähigkeiten eines Kindes auch die Grundlage für dessen intellektuelle, soziale und persönliche Entwicklung. Mangel an Bewegung kann zu Verhaltensstörungen, zu Konzentrationsdefiziten, zu Sprach-, Lese- oder Rechtschreibschwäche führen. Das heißt jedoch nicht, dass Kinder im siebten Lebensjahr bereits in einem Sportverein gedrillt werden sollen, um ihnen eine Karriere als Sportwunder zu ermöglichen.

Kinder zwischen fünf und zehn entwickeln sich optimal, wenn sie sich viel bewegen und täglich drei bis vier Stunden an der frischen Luft spielen. Laufen, Toben, Springen und Tanzen sind Schlüsselfunktionen für die geistige Beweglichkeit, das innere Gleichgewicht und die räumliche Orientierung. Eine altersgemäße grobmotorische Geschicklichkeit, verbunden mit einer sicheren Gleichgewichtskoordination und Raumwahrnehmung sind Grundkenntnisse, die dem Erwerb des Lesens und Schreibens vorausgehen. Ein Kind kann nicht lesen lernen, wenn es sich darauf konzentrieren muss, aufrecht auf seinem Stuhl zu sitzen.

Und wer beispielsweise den Unterschied zwischen „15“ und „51“ erkennen will, benötigt eine Raumvorstellung und Raumerfahrung. Kindern mit einer Lese-Recht-Schreibschwäche

Im Spiel werden Regeln gelernt.

(L-R-S) mangelt es vor allem an dieser Raumerfahrung, wenn für sie ein „b" wie ein „d" und ein „o" wie ein „u" aussieht.

Angemessene körperliche Bewegung ist somit lebenswichtig für gesunde Schulkinder. Als Eltern fördern Sie Ihr Kind, wenn Sie gemeinsam und mit anderen Kindern spielen. Gerade in der Zeit des Schulanfangs mit seinen vielen Veränderungen braucht Ihr Kind zu Hause genau diesen Freiraum.

Entwicklungshemmend wirkt sich dagegen aus, wenn Kinder bereits vor Schulbeginn und im Grundschulalter ausschließlich mit Worten und Zahlen gefüttert werden. Oder nach der Schule weitere Aktivitäten wie musikalische Früherziehung und Malkurse, Kinderballett o.ä. auf dem Programm stehen haben. „Ein Überangebot an Fördermöglichkeiten kann nämlich mindestens ebenso schädlich sein wie Unterforderung", erklären Elisabeth Aust-Claus und Petra-Marina Hammer einstimmig.

nicht wissen, dass auch andere Verkehrsteilnehmer – dazu gehören auch Radfahrer – Fehler machen können. Neben ihrer Unkonzentriertheit und leichten Ablenkbarkeit gibt es weitere Gründe, die Kinder schnell zu Opfern im Verkehr machen. Kinder können auch allein wegen ihrer Körpergröße das Verkehrsgeschehen noch nicht richtig überblicken.

Ebenso sind Sechsjährige noch nicht in der Lage, mehrere Abläufe auf einmal zu koordinieren. „Links gucken, rechts gucken, wieder links gucken und dann auch noch die Ampel, die Autofahrer und auch Radfahrer im Blick zu halten". Auch diese Leistung will erlernt sein, am besten durch einen einstudierten Ablauf.

ABC-Schützen orientieren sich meist auch stark durch das Gehör, da das räumliche Sehen noch nicht ausreichend entwickelt ist. Fahrgeschwindigkeiten und vor allem Bremswege können deshalb oft noch nicht richtig abgeschätzt werden. Nur durch ständiges Beobachten der Verkehrsteilnehmer entwickeln Kinder allmählich ein Gespür für den Zeitraum, den sie z. B. zum Überqueren einer Straße zur Verfügung haben.

➡ ***Überprüfen Sie** das Verkehrsverhalten Ihres Kindes. Trainieren Sie bereits vor der Einschulung den Schulweg immer wieder. Spielen Sie hierfür die Rolle des kleinen Kindes und lassen Sie sich an der Hand führen. Erinnern Sie Ihr Kind daran, dass es sich jetzt nicht auf Sie verlassen darf, sondern alles selbstständig und richtig machen muss.*

➡ ***Routine entwickeln.** Immer auf dem Gehweg der Häuserseite gehen. Straßen nur an Ampeln oder Zebrastreifen überqueren und Blickkontakt mit den Autofahrern aufnehmen. Vor dem Betreten der Fahrbahn nach links, rechts und noch einmal nach links schauen. Erst wenn die Straße frei ist, diese zügig überqueren.*

➡ ***Verschiede Blickwinkel.** Auch wenn Sie Ihr Kind mit dem Auto zur Schule bringen, müssen Sie es verkehrssicher machen. Steigen Sie hundert Meter vor der Schule aus und trainieren Sie den Ablauf. Wandeln Sie dieses ab, indem Sie auf die unterschiedlichen Perspektiven der Autofahrer, Radfahrer oder Fußgänger aufmerksam machen.*

Gemüse statt Pommes!

Wie wichtig eine gesunde Ernährung ist, wissen Sie selbst am besten. Achten Sie besonders im Grundschulalter darauf, dass sich Ihr Kind nicht mit Süßigkeiten, die es im Krämerladen um die Ecke kaufen kann, voll stopft. Kohlenhydrate wie Zucker sind zwar Energielieferanten, jedoch wird ein überschüssiger Konsum im Körper in Fett umgewandelt und als Fettdepot gespeichert. Das führt nicht nur zu übergewichtigen Kindern, sondern schwächt auch die Immunabwehr.
Man hat sogar festgestellt, dass Kinder, die als hyperaktiv gelten, oft keinen Psychologen und keine Therapie brauchen, sondern nur eine ordentliche Ernährung.
Die Überzuckerung im Körper führt nämlich zum bekannten „Hippelverhalten". Der Körper sucht sich ein Ventil in der Bewegung!

Eiweißreiche Nahrung wie Fisch, Fleisch, Eier und Milchprodukte fördern das Längenwachstum. Ebenso wichtig: Fett, Mineralstoffe und Vitamine. Eine gesunde und abwechslungsreiche Mischkost ist das Beste, was Sie ihrem Kind in punkto Ernährung bieten.

Pausenbrot. Liebe geht auch bei *Ihrem Kind durch den Magen. Das tägliche Pausenbrot darf niemals im Schulranzen Ihres Kindes fehlen. Vollkornbrote können Sie abwechslungsreich mit Käse, Wurst, Gurken, Tomaten, Quark oder Salatblättern belegen. Zusätzlich gibt es saisonales Obst wie Bananen, Äpfel und Birnen.*

Abwechslung beim Pausenbrot tut gut.

Nicht zwingen! Wenn Ihr Kind eini-*ge Nahrungsmittel wie Käse, Fisch oder den „berühmten" Spinat nicht mag, so zwingen Sie es nicht, diese zu essen. Weichen Sie auf andere, geschmackvolle Nahrungsmittel aus.*

Geistige Entwicklung

Denken, Sprechen, Wahrnehmen

Welche Abstraktions- und Denkleistung Ihr Kind im Alter zwischen sechs und sieben Jahren bringt, zeigt Ihnen das Beispiel des Psychologen Piaget: Kleinkinder glauben beim Umschütten einer Flüssigkeit in ein größeres Gefäß, dass jetzt „mehr drin ist", weil sie nur die veränderte Höhe und Breite wahrnehmen.
Sechsjährige verstehen, dass die Menge der Flüssigkeit gleich bleibt – egal wie groß das Gefäß ist, in das umgeschüttet wird. Ein Liter Saft ist ein Liter Saft, unabhängig

➡ ***Der letzte Mohikaner.*** *Mit diesem Spiel fördern Sie die Wahrnehmung: Mindestens vier Spieler sitzen im Kreis auf dem Boden, der Rücken ist dem Kreis zugewandt. In der Kreismitte sitzt ein Kind, der „letzte Mohikaner". Möglichst leise schleicht es sich von hinten an ein Kind heran, um ihm die Hand auf die Schulter zu legen. Gelingt es ihm, hat es ihn zum neuen Mohikaner gemacht. Hört jedoch das Kind das Anschleichen, hebt es seine Hand und sagt: „Friede sei mit dir, mein roter Bruder". Es muss ein*

Schritte der Entwicklung

- Im siebten Lebensjahr hat sich Ihr Kind weitreichende kognitive Fähigkeiten erworben. Es weiß, dass das Wort ein Symbol für eine Sache ist. Ein Tisch ist ein Tisch und kein Buch oder eine Katze.
- Es nimmt nicht mehr alles auf seine Person bezogen wahr.
- Es hat gelernt, die Perspektive der Anderen von seiner eigenen zu unterscheiden. So glaubt es nicht mehr, dass es niemand sieht, nur weil es sich die Augen zuhält.
- Das Sprachvermögen verfeinert sich und die Zeit der Fragen, des Zuhörens, des dialogischen Erzählens und der Freude am Wort ist angebrochen.
- Der aktive Wortschatz umfasst 5 000, der passive 25 000 Wörter.

davon, ob er sich in einem runden oder viereckigen Gefäß befindet. Der Denkprozess wird eingeschaltet und lässt sich vom äußeren Erscheinungsbild nicht täuschen, wobei das Kind bereits auf geistige Erfahrungen zurückgreifen kann.

Die Fähigkeit zur Abstraktion und das Wesentliche vom Unwesentlichen zu trennen, ist die Grundlage eines jeden Symbolverständnisses. „Die Sprache ist nur eines, wenn auch das wichtigste der Symbolsysteme. Symbolsysteme haben eine Schlüsselrolle in der Evolution des Menschen gespielt.

Sprache, Moral und Rechtssysteme, bildliche Darstellungen aber auch Mythen, Religion, Wissenschaft und Technik sind differenzierte Symbolfunktionen. „Alle Symbolfunktionen sind die Grundlagen von Kreativität und Produktivität. Sie haben unsere kulturellen Errungenschaften ermöglicht", erklärt Remo H. Lago, Professor für Kinderheilkunde.

Guten Tag, Schule

Nach dem sechsten Geburtstag bestimmt das Thema „Schule" den Alltag in der Familie. Ihr Kind kann den Einschulungstag gar

neuer Versuch gestartet werden. Sagt ein Kind jedoch den Satz, obwohl ihm niemand nachstellte, muss es für den Mohikaner in den Kreis.

__Eigenerfahrung. Ihr Kind kann__ Symbolfunktionen nur durch konkrete Erfahrung selbst erwerben. Sie können jedoch Wesentliches zur Entwicklung Ihres Kindes beitragen, wenn Sie ihm die dazu notwendigen Erfahrungen ermöglichen.

__Erzählung üben. In der Sprachent__wicklung müssen Sie Ihrem Kind ausreichend Gelegenheit geben, Sprache im Zusammenhang mit Personen, Gegenständen, Handlungen und Situationen zu erleben. Ermuntern Sie Ihr Kind, seine Erfahrungen und Eindrücke sprachlich auszudrücken, z.B. den letzten Urlaub oder Besuch bei den Großeltern oder Freunden.

__Check zur Schulreife. Prüfen Sie__ einmal anhand des Fragenkatalogs von Aust-Claus/Hammer die kognitive Entwicklung Ihres Kindes:

nicht erwarten, ist gespannt auf den Inhalt der Schultüte, die Lehrerin und die Kinder, die es kennen lernen wird. Und Lesen, Schreiben, Rechnen möchte es sofort lernen!

Der Wechsel von Kindergarten und Vorschule in die Schule bringt viele Veränderungen mit sich, die auf keinem Stundenplan stehen. Plötzlich sieht Ihr Kind sich vor ganz neue Anforderungen gestellt: Ordnung, Disziplin, Aufmerksamkeit und Konzentration. Das alles will und muss gelernt werden.

Um Ihrem Kind einen optimalen Start in der Schule zu ermöglichen, wird beim Einschulungstest neben den motorischen Fähigkeiten ebenso die Denkentwicklung erfasst: logisches Denkvermögen, Merkfähigkeit, sprachliche Ausdruckskraft, Mengenerfassung, Zahlenverständnis sowie Farb-, Form- und Größenwahrnehmung.

Hier geht es weniger darum, Ihr Kind frühzeitig in ein Entwicklungsschema zu pressen, sondern allen Kindern möglichst die gleichen Startbedingungen für die Schule zu geben und bei Bedarf weitere Hilfsmöglichkeiten anzubieten.

- *Kennt Ihr Kind alle Farben?*
- *Hat es schon Interesse an Buchstaben und Zahlen?*
- *Kann es schon seinen Namen schreiben?*
- *Weiß Ihr Kind seinen Namen und sein Alter?*
- *Kennt es seine Adresse?*
- *Kann es bis 10 zählen?*
- *Kennt es den Würfel und die Würfelzahlen von 1 bis 6?*
- *Kann es sonst Mengen erfassen?*
- *Kann es Formen, z.B. Viereck, Dreieck, Kreis wiedererkennen und voneinander unterscheiden?*
- *Kann es sich mehrere Dinge über einen kurzen Zeitraum merken?*
- *Spielt es gerne Karten- und Würfelspiele oder Memory und Puzzles?*
- *Stellt es sich selbst Aufgaben und Rätsel?*
- *Spricht Ihr Kind deutlich?*
- *Kann Ihr Kind kleine Geschichten mit Anfang, Handlung, Schluss erzählen?*
- *Erfindet es vielleicht selbst Geschichten?*
- *Lernt Ihr Kind gern und leicht kleine Geschichten, Lieder oder Reime auswendig?*
- *Entwickelt Ihr Kind beim Spielen eigene Ideen?*
- *Kann es mit der Schere Figuren ausschneiden?*

Lernen soll Spaß machen

Für einen guten Schulanfang ist vor allem eines wichtig: der Spaß am Lernen. Gerade wenn Ihr Kind mit Wörtern, Buchstaben, Zahlen und Mengen zu arbeiten beginnt, braucht es ein inneres, tragendes Glücksgefühl. Denn „die Freude fördert das Lernen wie die Sonne das Wachsen im Garten“, so Ingrid Naegele und Dieter Haarmann.
Im Klassenverband von 18 bis zu 30 Kindern muss Ihr Kind jetzt: Konzentriert zuhören und das Gehörte verstehen, sich Gehörtes merken und seine Gedanken auch für andere verständlich ausdrücken können.
Damit Ihr Kind den neuen Heraus- und Anforderungen gewachsen ist und bleibt, muss es lernen „zu lernen“. Neben guten Lern- und Arbeitstechniken gehört hierzu eine gute Zeitplanung. Zum Lernen braucht es: Konzentration, um Informationen aufmerksam aufzunehmen, Struktur, um Eindrücke zu gliedern und zu sortieren, Lernmotivation, also Lust haben, die Information und Eindrücke zu speichern. Je eher Ihr Kind lernt Prioriäten zu erkennen, umso einfacher wird es neue Aufgaben bewerkstelligen.
Ihr Kind kann frühzeitig mit Spaß

➡ ***Guter Arbeitsplatz.*** *Sorgen Sie für einen attraktiven Arbeitsplatz für die Hausaufgaben. Dieser sollte Ihrem Kind allein gehören und abgeschieden von der Familienhektik sein. Achten Sie auf kindgerechte Möbel, richtigen Lichteinfall und ausreichend Stauraum.*

„Jedes Kind ist gewissermaßen ein Genie, und jedes Genie gewissermaßen ein Kind“

Arthur Schopenhauer.

➡ ***Binden Sie alle Schulmaterialien*** *gemeinsam mit Ihrem Kind in unterschiedlichen Farben ein, z. B. blau für Deutsch und rot für Rechnen. Erstellen Sie zusammen eine wöchentliche Prioritätenliste.*

Jedes Kind hat eigene Begabungen. Diese gilt es spielerisch zu finden.

an seine Aufgaben heran geführt werden, wenn Sie zusätzlich wissen, welche Begabungen Ihr Kind hat, und im Laufe der ersten zwei Schuljahre herausfinden, welcher Lerntyp Ihr Kind ist.

Die Psychologie unterscheidet drei Lerntypen:

- **Visueller Typ:** Das Kind lernt besser mit den Augen, also mittels Zeichnungen oder etwa gut gegliederter Texte.
- **Akustischer Typ:** Das Kind lernt besser mit den Ohren. Es lässt sich die Texte gerne vorlesen oder liest selbst halblaut.
- **Motorischer Typ:** Das Kind lernt besser durch Handeln, also durch Abschreiben, Abzeichnen, Erkunden und Nachmachen.

→ ***Jedes Kind lernt anders.*** *Wichtig ist, dass auch Sie ein Gespür dafür bekommen, wie Ihr Kind am liebsten lernt. Je mehr Sie darüber wissen, desto mehr können Sie Ihr Kind auf seinem Schulweg begleitend unterstützen.*

→ ***Änderungen möglich.*** *Nehmen Sie diese Einteilung nur als Orientierung. Mischformen bezüglich des Lernens und der Fächer sind eher die Regel als eine einseitige Ausprägung. Zusätzlich können sich Begabungen und Interessen ändern. Ihr Kind mag mit sechs Jahren gerne malen, mit acht Jahren hat es vielleicht sein Interesse auf Sport verlagert und der Malkasten liegt zumeist in der Ecke.*

Hausaufgaben und Zensuren

Die Diskussion um den Wert von Hausarbeiten und Zensuren wird von allen Beteiligten, Eltern, Wissenschaftlern und Pädagogen kontrovers geführt. Zwar sind die Noten in fast allen Grundschulen für die ersten zwei Jahre abgeschafft, aber Hausarbeiten gibt es doch. Und damit auch eine Form der indirekten Benotung, die nicht nur von Seiten der Grundschullehrer, sondern auch von Elternseite vorgenommen wird.

Non scholae, sed vitae discimus – Nicht für die Schule, fürs Leben lernen wir (Seneca).

„Allgemein dienen Schularbeiten der Nach- und Vorbereitung des Unterrichts. Ihr Kind soll durch sie vor allem das Gelernte üben, festigen und in andere Bereiche übertragen lernen, oder es soll – allein oder in einer Gruppe – für den folgenden Unterricht Material beschaffen, Erkundungen durchführen oder längerfristige Beobachtungen machen“, schreibt Stiftung Warentest.

➡ ***Keine Zweifel äußern.*** *Welchen Standpunkt Sie auch immer einnehmen mögen: Führen Sie diese Diskussion nicht vor Ihrem Kind – es sei denn, die Aufgaben zeigen sich als zu schwer. Vermeiden Sie Vergleiche mit den älteren Geschwistern oder Gleichaltrigen. Redewendungen wie „das konnte Johanna aber viel schneller als du“ verletzen, frustrieren und demotivieren.*

➡ ***Druck durch Lob.*** *Heben Sie die Leistungen Ihres Kindes nicht vor Anderen hervor. Damit wird Ihr Kind unter Druck gesetzt, immer der oder die Beste zu sein.*

➡ ***Spielzeit.*** *Sinnvoll für Ihr Kind ist es, seine Hausaufgaben in kleine Portionen aufzuteilen und vorher großzügig für sich einzuschätzen, wie viel Zeit es dafür braucht. Danach kommt die Spielzeit. Verabredungen mit anderen Kindern sollten dementsprechend so getroffen werden, dass kein Zeitdruck entsteht. Und beherzigen Sie den Ratschlag, dass Kinder spielen, toben und tanzen müssen!*

Reimspiele rund um die Schule

1-2-3-4-5-6-7

1-2-3-4-5-6-7
in der Schule wird geschrieben,
in der Schule wird gelacht,
bis die ganze Schule kracht.

ABC-Verslein

A, B, C – Kopf in die Höh'!
D, E, F – wart, ich treff'!
G, H, I – das macht Müh!
J, K, L – nicht so schnell!
M, N, O – lauf nicht so!
P, Q, R – das ist schwer!
S, T, U – hör mir zu!
V, W, X – mach 'nen Knicks!
Y, Z – geh zu Bett !

Rote Kirschen

Rote Kirschen ess' ich gern,
schwarze noch viel lieber.
In die Schule geh ich gern
alle Tage wieder.

Rätsel für den ersten Schultag

Viele Fenster und auch Türen
sind im großen, großen Haus!
Viele Kinder sieht man laufen,
gehen dort täglich ein und aus.

Bunte Bohne Tintenfass

Bunte Bohne Tintenfass,
geh zur Schul und lerne was,
kannste was, dann biste was,
bunte Bohne Tintenfass.

Ene mene Tintenfass,
geh zur Schul' und lerne was.
Ene mene Sandbüchs,
bleib daheim, du kannst nix.

Ene meine Tintenfass,
geh zur Schul' und lerne was.
Wenn du was gelernet hast,
komm nach Haus und sag mir was.

Abc

a, b, c, d, e, f und g,
i, j, k, l, m, o, p
r, s, t, u, v, w,
y, z und oh weh,
jojo, jetzt kann ich's Abc.

....in der Schule wird geschrieben....

Emotionale Entwicklung

Eltern sein heißt Vorbild sein

Jedes Kind strebt danach, kompetent und selbstständig zu werden. Jedes Kind will lernen. Nicht nur, wie es mit Gabel, Messer und Löffel umzugehen hat oder Lesen, Rechnen, Schreiben lernt, sondern wie es sich in der Gesellschaft selbstständig, sicher und friedlich bewegen kann: Sozialverhalten eben. Das Kind wird in erster Linie durch seine Bezugspersonen, die seine Vorbilder sind, sozialisiert: seine Eltern, Vater und Mutter.

➡ ***Selbstständigkeit fördern.*** *Ihr Kind sollte innerhalb der Familie kleine Aufgaben übernehmen: Tischdecken oder Abräumen, beim Geschirrabwasch mithelfen, Blumen gießen, kleine Einkäufe erledigen, Aufräumen, das Haustier füttern. Wichtig ist, dass Ihr Kind diese Aufgabe regelmäßig macht.*

Schritte der Entwicklung

- Das Kind im siebten Lebensjahr hat meist durch den Kindergarten gelernt, sich in einer Gruppe zu behaupten.
- Gesetze, Ordnung und soziale Regeln werden als allgemein gültig anerkannt. „Es gibt keinen Grund deinen Bruder zu hauen, auch wenn er dir das Eis weggenommen hat."
- Die unkontrollierten Wutausbrüche, welche bei dem Satz „jetzt ist es Zeit zum Schlafengehen" über Ihr Kind hereinbrachen, haben sich endlich gelegt. Enttäuschungen werden auch mal weggesteckt.
- Die Fähigkeit zur Kompromissbereitschaft wächst. Das obligatorische „nein" ist einem „na gut" gewichen.
- Das Einfühlungsvermögen erlebt einen ersten Höhepunkt. Das Kind merkt, wenn es Ihnen mal nicht so gut geht – und dass auch Papi und Mami Gefühle haben.

Es „eignet sich Verhaltensweisen und Wertvorstellungen an, die ihm von Erwachsenen und Kindern vorgelebt werden. Das Kind merkt sich, wie die Eltern auf seine Bedürfnisse eingehen und mit ihm umgehen“, erklärt Professor Dr. Remo H. Lago.

Durch die Imitation seiner Vorbilder und das Spielen an sich lernen Kinder soziales Handeln: Die Fähigkeit, nicht ausschließlich Ich-, sondern ebenso Du- und Wir-bezogen zu handeln und sich in andere Menschen und Situationen hineinzuversetzen. Das ist die menschliche Grundlage für ein friedliches Zusammenleben – und auch Schlüsselvoraussetzung für einen erfolgreichen Schulstart.

__Lob prägt. Die von den Familien__mitgliedern erbrachten Arbeitsleistungen sollten von Zeit zu Zeit lobend erwähnt werden. Ebenso sollten die Aufgaben, gerade bei Geschwistern, in einem Rotationsverfahren umverteilt werden.

__In Augenhöhe. Nicht in jeder Lage__ können Eltern Vorbild sein, manchmal ergibt ein lautes Wort das andere. Sollten Sie eine Meinungsverschiedenheit mit Ihrem Kind haben, so sprechen Sie nicht „von oben“ herab. Setzen Sie sich in die Hocke oder Ihr Kind auf den Stuhl und sprechen Sie „Auge in Auge“. Das gibt Ihrem Kind das Gefühl ernst genommen zu werden – auch bei Meinungsverschiedenheiten.

In der Schule werden neben reinem Wissen auch soziale und emotionale Fähigkeiten vermittelt.

Voraussetzungen zur Schulfähigkeit

Als Eltern sollten Sie Ihren Fokus auf die sozial-emotionale Entwicklung legen, wenn sich die Frage stellt, ob Ihr Kind bereits mit fünf Jahren oder erst mit sieben Jahren eingeschult werden soll. Die emotionale Bereitschaft zur Schule zu gehen muss bei Ihrem Kind nicht sonderlich ausgeprägt sein – auch wenn es alle anderen Entwicklungsstufen im „Normalbereich" der Statistiker durchlaufen hat. Vielleicht ist Ihr Kind noch sehr verspielt und lebt in seiner Kleinkinderwelt, oder ist nicht gewohnt, mehrere Stunden ohne Sie zu sein. Vielleicht braucht Ihr Kind eine Schule, die andere pädagogische Konzepte als staatliche Grundschulen oder die „um die Ecke" verfolgt. Fragen, die vor dem Schuleintritt geklärt werden sollten – im Sinne des Kindes. Suchen Sie dazu das Gespräch zur Kindergärtnerin, Lehrerin und dem Kinderarzt und bei alternativen Schuleinrichtungen (Montessori Schule). Möglichst viele eingebrachte Perspektiven führen zu einer umfassenderen Beurteilung Ihres Kindes und Sie verlieren die Entwicklung von Körper, Geist und Seele nicht aus den Augen.

➡ ***Check zur Schulreife.*** *Anhand des Fragenkatalogs von Aust-Claus/Hammer, können Sie sich orientieren, ob Ihr Kind die notwendige sozial-emotionale Reife für den Schuleintritt mitbringt:*

- *Ist Ihr Kind neugierig und gespannt auf die Schule?*
- *Freut es sich darauf, etwas Neues kennen zu lernen?*
- *Kann es Enttäuschungen wegstecken?*
- *Kann es sich allein beschäftigen?*
- *Bringt es Dinge zu Ende?*
- *Kann es sich in eine Gruppe einfügen?*
- *Kommt es mit gleichaltrigen Kindern gut klar?*
- *Schließt Ihr Kind leicht Freundschaften?*
- *Kann Ihr Kind sich bei Gleichaltrigen behaupten?*
- *Ist es selbstbewusst und nicht übervorsichtig?*

➡ ***Tipp: Holen Sie diese Fragen auch*** *während des ersten Schuljahres hervor und machen Sie einen „Nachcheck".*

„Schulpflicht" für Eltern

Die Schulpflicht Ihres Kindes heißt auch für Eltern, dass sie sich auf einen neuen Lebensabschnitt mit Rechten und Ordnungspflichten vorbereiten müssen. Schulpflicht für Eltern heißt:

- Ihr Kind muss täglich pünktlich zum Unterricht erscheinen.
- Sie müssen flexibel auf Unterrichtsausfall reagieren und bei Berufstätigkeit evt. eine „Ersatzperson" haben, die Ihr Kind abholen kann.
- Sie müssen beachten, dass Beginn und Ende der Unterrichtszeiten im Verlauf der Woche unterschiedlich sein können.
- Bei Berufstätigkeit oder Teilzeitarbeit brauchen Sie eine zusätzliche Betreuungseinrichtung für Ihr Kind. Einige Grundschulen haben dafür extra Einrichtungen.
- Bei Schulversäumnissen müssen Sie Ihr Kind entschuldigen.
- Bei Krankheit müssen Sie Ihr Kind krank melden.
- Ihr Kind sollte ordentlich und sauber zur Schule kommen.
- Am Anfang sollten Sie auch überprüfen, ob es die erforderlichen Schulutensilien mit sich hat.

Ebenso wichtig ist aber die richtige Einschätzung des Lösungsprozesses, in dem sich Ihr Kind befindet. Weil das Schulkind weitgehend für sich selbst sorgen kann, werden die emotionalen Bedürfnisse von den Eltern leicht unterschätzt. Auch in diesem Alter möchte das Kind noch umsorgt werden! Ihr Schulkind ist zwar nicht mehr auf die unmittelbare Nähe seiner Bezugspersonen angewiesen – es braucht aber die Gewissheit, dass es jederzeit Zuwendung, Geborgenheit und Schutz erhalten kann.

Die Zubereitung des Essens und die gemeinsame Mahlzeit mit den Eltern sind wichtige Formen der Zuwendung. Ein sechs- oder siebenjähriges Kind ist überfordert, wenn es z.B. allein aufstehen, frühstücken, die Wohnung verlassen und in eine leere Wohnung zurückkehren muss. Für berufstätige Eltern sind deshalb weitergehende Betreuungsstätten wie Hortplatz, Schülerläden, Tagesmütter oder feste Absprachen mit anderen Eltern eine Notwendigkeit!

Neue Bindungen

Im Gegensatz zum Kleinkind hat das Schulkind die innere Bereitschaft, sich auf fremde Erwachsene einzustellen und von ihnen zu lernen. Ihr

Eigene Wege zu gehen ist wichtig.

Kind als Schulanfänger ist innerlich bereit, sich an seine Lehrerin zu binden und von dieser unterrichtet zu werden. Die Lehrerin ist in diesem Falle viel mehr als „nur eine“ Lehrerin: Ihr Kind setzt sein Vertrauen und seine Hoffnung auf die Lehrperson und erkennt die Autorität an, die sie nun hat.

Und kein Lehrer und keine Lehrerin können sich dieser Bindungsbereitschaft von ihren Schülern entziehen. – Das ist die größte Verantwortung, die Pädagogen haben: Kindern, neben dem Wissenserwerb, Akzeptanz und Aufgehobensein als erzieherischen Auftrag zu vermitteln. Wenn Lehrer daran scheitern, gibt es auch keine Kinder, die fröhlich in die Schule gehen.

Die Abnabelung

Neben der neuen Bindungsfähigkeit zu den Lehrern entwickeln Kinder eine neue Freundschaftsqualität: sie binden sich an Gleichaltrige. Und diese werden im Laufe der Jahre immer wichtiger. Die Eltern treten mehr und mehr in den Hintergrund, ebenso die Lehrer. Remo H. Lago meint: „Im Schulalter können sich Kinder gegenseitig ein Gefühl von Nähe und Sicherheit geben.“ Unabhängig davon werden die Schulfreunde über kurz oder lang, die wichtigste Bezugsgruppe Ihres Kindes. Dieses braucht von nun an nicht mehr allein die Bestätigung durch seine Eltern oder Lehrer, sondern vor allem durch seine Klassenkameraden.

Spätestens dann stellen viele Eltern fest: Mein Schulkind ist auf dem Weg sich abzunabeln – und nicht alle Eltern erfüllt das mit Freude. Auch Eltern müssen erst lernen, ihr Kind loszulassen und sich damit abzufinden, dass es seinen eigenen Weg gehen möchte. Ist der Schulweg eingeschlagen, gibt es kein Zurück, sondern nur noch eines: Begleiten Sie Ihr Kind, solange es Sie braucht.

Kontakte pflegen zum besseren Austausch

„Für einen erfolgreichen Start Ihres Kindes ins schulische Lernen ist die vertrauensvolle Zusammenarbeit zwischen Elternhaus und Schule sehr wichtig", so Ingrid M. Nagele. Als Eltern müssen Sie lernen, „dass Ihr Kind ohne Ihre Anwesenheit und Ihren Schutz in einer Gruppe von sehr individuellen Gleichaltrigen zurechtkommen muss und vielfältige Dinge lernt, die Ihnen aus der Schulzeit vollkommen unbekannt sind."

Andererseits sollte die Lehrerin über besondere Ereignisse informiert sein. War Ihr Kind z. B. länger krank, leben Sie gerade in einer Trennung oder haben Sie zur Zeit familiäre oder berufliche Probleme wie einen Krankheitsfall in der Familie oder gar Arbeitslosigkeit? Nur mit diesem Wissen kann die Lehrerin Ihr Kind wirklich verstehen und besser einschätzen und hat dann auch die Möglichkeit, individuell auf Ihr Kind einzugehen.

Überlassen Sie nicht alles den Lehrern. Sie als Eltern können viel für eine gute Schule tun. Nicht nur für Ihr Kind, sondern für alle Kinder.

➡ ***Aktives Interesse.*** *Suchen Sie bereits vor der Einschulung den Kontakt zur Schule und zu den Lehrern. Besuchen Sie die Elternabende sowie Sprechstunden regelmäßig, damit Sie das Unterrichtskonzept der Lehrer kennen lernen. Unterstützen Sie aktiv die Bemühungen der Schule, wenn es sinnvolle pädagogische Maßnahmen gibt.*

➡ ***Einblicke geben.*** *Scheuen Sie sich nicht, offen über Ihre privaten Probleme mit der Lehrerin zu reden. Wenn diese weiß, was bei Ihnen los ist, hat Sie die Chance, Ihr Kind bis zu einem gewissen Grad aufzufangen und emotional zu stützen. Kinder lernen dadurch, dass Eltern auch in Krisensituationen für Ihr Wohlergehen Sorge tragen und fühlen sich bereits dadurch gestärkt.*

➡ ***Machen Sie mit:*** *beim Ausgestalten des Schulhofs zum Spielhof, bei der Klassenraumgestaltung, beim Einrichten einer Kinder-*

Mithelfen und Mitmachen ist dabei ebenso angesagt, wie konstruktive Kritik und positive Anregung.

Rituale: Gut für die Geborgenheit

Wohlbefinden ist eine Grundvoraussetzung für die bestmögliche Entwicklung Ihres Kindes und Grundpfeiler eines guten Selbstwertgefühls, welches entscheidend für die zukünftige Beziehungs- und Lernfähigkeit ist. Dazu gehören auch Tagesgewohnheiten, die Ihrem Kind Sicherheit und Struktur vermitteln. Besonders schätzt es Rituale, die es für seine Aufgaben zu Hause motivieren und ihm den Gang nach außen und die Rückkehr in die Geborgenheit der Familie erleichtern.

Wichtig ist hierbei, dass Ihr Kind sich auf die Familien- und Kinderrituale verlassen kann. Sie müssen zu einem festen Zeitpunkt in den Familienalltag integriert sein. Die heutige Zeit mit ihren mannigfachen Anforderungen, der Hektik und dem Überangebot an Reizen, verleitet schnell dazu, nicht in die eigene Mitte zu kommen. Wohltuende Familien- und Kinderrituale können eine heilsame Bremse und wertvolle Hilfe sein.

schülerbücherei bei Schulfesten, Klassenfesten oder gründen Sie einen Schularbeitszirkel.

➡ ***Schaffen Sie Rituale.*** *Ihrer Fantasie sind (fast) keine Grenzen gesetzt. Beginnen Sie bereits das Frühstück mit einem Ritual. Vor dem Essen singen Sie gemeinsam ein Lied oder erzählen eine Kurzgeschichte. Wenn Ihr Kind von der Schule kommt, sollten Sie sich grundsätzlich erst einmal zehn Minuten Zeit nehmen, damit es seine Eindrücke erzählen und loswerden kann. Ein gemeinsames Nachtgebet hilft Ihrem Kind den Tag loszulassen und zu entspannen.*

➡ ***Gute-Nacht-Gebet***

Lieber Engel, gute Nacht,
halt an meinem Bettchen Wacht!
Deck mich mit deinen Flügeln zu,
dass ich sanft und sicher ruh,
bis die Sonne wieder lacht.
Lieber Engel, gute Nacht!

7 bis 8 Jahre

Die Welt in Ruhe entdecken

Kinder brauchen Ruhe und Geborgenheit in der Familie, um sich zu entwickeln. Je angemessener die verschiedenen Anforderungen sind, desto stabiler wird es in seiner Gesamtpersönlichkeit. Es kann seine Neugier, seine Fantasie und Kreativität entfalten, Erlerntes einüben und in aller Ruhe die Zusammenhänge zwischen sich und der Welt erforschen. Im Schutz der Menschen, die es lieben, können sich sein Bewusstsein und sein Ich entwickeln. Ein gesundes Kind ist zufrieden, freut sich am Leben, ist neugierig auf seine Umwelt und kontaktfreudig.

SPORT

Körperliche Entwicklung

Der Weg ist das Ziel

Die Schreckensmeldungen seitens der Lehrer, Schulärzte und Bewegungstherapeuten machen auch vor Eltern und deren Kindern im achten Lebensjahr keinen Halt. In der zweiten Klasse klagt bereits jedes dritte Schulkind regelmäßig über Kopf- und Rückenschmerzen, über 30 Prozent haben Übergewicht und 20 bis 25 Prozent leiden an Herz-, Kreislauf- und Ausdauerschwächen.

„Kinder sind Hoffnungen, die man verliert, und Ängste, die man nie los wird."

Karlheinz Deschner

Schritte der Entwicklung

- Im achten Lebensjahr erlebt das Kind eine Zeit extremer Gesundheit und entwickelt viel Energie. Das Immunsystem hat sich gekräftigt, Kinderkrankheiten sind meist überstanden.
- Es wächst fünf bis acht Zentimeter und wird zwei bis drei Kilogramm schwerer.
- Geschlechtsunterschiede werden bemerkt und es beginnt eine neue Phase der „Doktor-Spiele".
- Zwar wächst die räumliche Orientierung, aber die Kinder sind, nicht nur auf dem Fahrrad, noch nicht verkehrssicher.
- Die motorische Entwicklung verfeinert sich: guter Umgang mit Zeichen- und Schreibgeräten.
- Gutes Gleichgewicht und Ballgefühl: Boccia, Federball, Tischtennis, Gummitwist und Fußball.
- Ausdauer und Kraft entwickeln sich: Eine Wanderung von vier Stunden oder vom Beckenrand springen und fünf bis zehn Minuten schwimmen bereitet keine Mühe.

Wie ist es möglich, dass Kinder bereits in diesem Alter an Zivilisationskrankheiten der Erwachsenen leiden? Einige Gründe haben Sie bereits im ersten Teil des Buches erfahren, doch es tut Not, das Thema weiterzuverfolgen.

Neben den bereits beschriebenen Bewegungskillern wie Straßenverkehr, enge Wohnungen, falsches und perfektionistisches Spielzeug gibt es einen weiteren Faktor, der nicht zu unterschätzen ist: Bequemlichkeit. „Unsere Gesellschaft wird bequemer. Es ist angenehm, sich verwöhnen zu lassen, aber es verhindert die Anlässe, sich zu bewegen.

Alle Bereiche der kindlichen Entwicklung werden jedoch durch Bewegung ausprobiert. Bewegung ist deshalb unerlässlich für die kindliche Entwicklung: Bewegung bildet die Sinne aus und Denken fängt im Körper an! Wie sieht die Realität aber im Schulalltag aus? „Kinder benutzen Bus, U-Bahn oder das elterliche Auto, um möglichst schnell und sicher in die Schule zu kommen“, schreibt der Motopädagoge und Krankengymnast Helmut Köckenberger.

➡ ***Beschwerden ernst nehmen.*** *Seien Sie hellwach, wenn Ihr Kind über körperliche Beschwerden klagt und gehen Sie lieber einmal zu viel als zu wenig zum Kinderarzt.*

➡ ***Weniger ist oft mehr.*** *Stellen Sie eine Liste zusammen, wie viele Gerätschaften und Werkzeuge nebst Anzahl der Fahrräder, Autos, Fernseher und Stereoanlagen Sie haben, um sich Haushalt und Leben zu erleichtern oder angenehmer zu gestalten. Neben Waschmaschine, Kaffeemaschine, Föhn, Mixer, Kühlschrank und Schlagbohrer kommt einiges zusammen. Fragen Sie sich ernsthaft: Was brauche ich davon wirklich? Was benutze ich regelmäßig? Worauf könnte ich verzichten? Welchen Vorteil bietet der Verzicht?*

„Mens sana in corpore sano“ – Ein gesunder Geist lebt in einem gesunden Körper.

Lateinisches Sprichwort

Es ist kaum vorstellbar, dass ein Kind eine längere Strecke zu Fuß geht oder mit dem Fahrrad fährt. Die meisten Familien haben mindestens ein Auto und kutschieren ihre Kinder dementsprechend zur Schule und holen sie von dort wieder ab. „Es wird", erklärt Köckenberger weiter, „von Ort zu Ort gefahren. Die Wege werden ihm abgenommen. Wege werden zu lästigen organisatorischen Notwendigkeiten. Das Kind merkt, dass die Ziele wichtiger als die Wege genommen werden".

Dem Kind mangelt es nicht nur an Bewegung und damit körperlicher Raumerfahrung, sondern es wird ebenso der Möglichkeit beraubt, sich mit seinen Mitschülern auf dem Schul- oder Nachhauseweg auszutauschen: die Kommunikation, das Ventil um vielleicht auch mal Dampf abzulassen weil der Lehrer heute „doof" war oder eine gemeinsam erlebte Freude fallen der Bequemlichkeit zum Opfer.

Kinder werden durch die Eltern, ihre ersten Bezugspersonen, sozialisiert. Kinder, denen Bewegung abgenommen wird, lernen somit, dass das Ergebnis – auch hinsichtlich des Wissenserwerbs – wichtiger ist als der Prozess, der dahin

➡ ***Auto auf dem Prüfstand.*** *Stellen Sie sich folgende Fragen, wenn Sie Ihr Kind mit dem Auto zur Schule bringen:*
Warum? ***Wegen der Berufstätigkeit,*** *zur Sicherheit, damit Sie Zeit für anstehende Besorgungen haben oder weil das Kind „trödelt"?*

Wie? ***Nehmen Sie z. B. andere*** *Schulkinder mit? Fahren Sie den kürzesten Weg, oder auch mal eine Strecke, die länger dauert aber schöner, d. h. anregender ist?*

➡ ***Tatort Bushaltestelle.*** *Haben Sie schon einmal als stiller Beobachter für ein paar Minuten an einer Bushaltestelle für Schulkinder gestanden? Das sollten Sie tun und Sie wissen, welche Bedeutung die Kommunikation nach der Schule für Ihr Kind hat. Da wird getuschelt, gekichert, Sammelbilder getauscht, gelästert, gespottet und gestritten. Freunde und Feinde werden definiert.*

➡ ***Vorbild Eltern.*** *Hinterfragen Sie Ihre Alltagsgewohnheiten. Die eingeschliffenen Verhaltensweisen der Eltern sind es, an denen sich bewegungsarme und ängstliche Kinder orientieren. Der motorisierte Einkauf im Supermarkt um die Ecke* führt. Damit wird ihnen von vornherein der Spaß und die Neugierde genommen, Neues auszuprobieren und kreative Lösungen für „neue“ oder andere Wege zu finden.

Kampf dem Übergewicht!

In einer Industrienation wie Deutschland ist Übergewicht ein häufiges Problem bereits bei Schulkindern. Die Ursachen sind weniger krankheitsbedingt wie etwa eine Drüsenstörung oder

prägt genauso wie der selbstverständliche „Taxidienst“ bei Musikunterricht, Sportveranstaltungen, Schwimmbad oder Kindergeburtstag.

Nicht überbewerten! *Jedes Kind hat einen schönen Körper und wenn Ihres ein wenig mollig ist, so*

Auch ein kleines Kämpfchen fördert die motorische Geschicklichkeit.

Da kommt Bewegung ins Spiel!

Ballrufen

Beim „Ballrufen“ wechseln sich mindestens drei Spieler beim Ballspiel und Jagen ab. Alle Kinder stehen im Halbkreis vor der Hauswand oder in einem Kreis zusammen. In ihrer Mitte steht das Kind mit dem Ball. Es wirft den Ball gegen die Wand oder senkrecht in die Luft und ruft dazu den Namen eines anderen Kindes. Die anderen Kinder stieben derweil auseinander. Das gerufene Kind sollte den Ball noch im Flug fangen. Gelingt es ihm, war die Flucht der anderen umsonst. Denn das gerufene Kind darf nun den Ball werfen und den Namen eines anderen Kindes rufen.

Kann aber das gerufene Kind den Ball nicht fangen, läuft es ihm schnell hinterher, um ihn mit Händen und Füßen anzuhalten. Danach ruft es laut: „Stopp !“, und alle müssen augenblicklich stehen bleiben. Das Kind darf nun mit dem Ball von der Stelle aus, an der es ihn stoppen konnte, auf ein anderes zielen. Trifft es, tritt dieses Kind als neuer Werfer in den Kreis, und das Spiel beginnt von vorne.

Zielt es aber vorbei, muss es sich den Ball erneut schnappen und seinen Mitspielern hinterher jagen, um sie abzuwerfen. Dafür darf es jetzt, wann immer es will, „Stopp“ rufen. Jedes Kind, auf das gezielt wird, darf versuchen, den Ball zu fangen. Gelingt es ihm, wirft es den Ball sofort wieder in die Höhe und ruft den Namen eines anderen Kindes, das ihn fangen muss.

Ballküssen

Beim Ballküssen stehen sich zwei Kinder gegenüber, einige Schritte voneinander entfernt. Jedes Kind hat einen Ball. Beide werfen sich ihren Ball gleichzeitig zu. Das Ziel ist es, dass sich die Bälle so häufig wie möglich im Flug berühren oder zusammenprallen.

Wasserbombe

Dies ist ein tolles Spiel für heiße Sommertage. Als Ball dient ein mit lauwarmem Wasser gefüllter Luftballon. Zwei oder mehr Kinder werfen sich die Wasserbombe zu. Ein Kind steht zwischen den beiden und versucht, die Wasserbombe zu fangen. Platzt die Bombe und ergießt sich der erfrischende Inhalt unter lautem Gejohle über eines der Kinder, muss das Kind, das die Bombe warf, einen neuen Ballon füllen und als Fänger in die Mitte.

Schneckenrennen

Nehmen Sie einen Wecker und stecken im Garten, auf der Wiese oder auf dem Spielplatz eine Rennstrecke ab. Stellen Sie den Wecker so, dass er nach drei Minuten klingelt. Dann heißt es: „Auf die Plätze, fertig, los!" und die Kinder trödeln im Schneckentempo dem Ziel entgegen. Bei diesem Spiel kommt es nicht darauf an, der erste zu sein, sondern darauf, möglichst genau beim Weckerklingeln durchs Ziel zu laufen. Stehen bleiben oder auf die Uhr schauen gilt nicht! Gewonnen hat das Kind, das als letztes innerhalb der ausgemachten Zeit durch die Ziellinie läuft.

Einem Blinden helfen

Mutter, Vater und Kind spielen zusammen. Einem werden die Augen verbunden, er spielt den „Blinden". Dann wird er von den beiden anderen einen Weg geleitet. Dabei kommen Kurven, Hügel, Randsteine, Treppen, steile Anstiege und ein abschüssiger Pfad vor. Das Spiel stärkt die Wahrnehmung und ist zusätzlich eine Vertrauensübung – gut für Kind und Familie.

Tortenhüpfen

Fürs Tortenhüpfen wird ein großer Kreis auf das Pflaster gemalt und wie eine Torte mit vier Strichen in acht Teile geteilt. Jedes Kind zeichnet sich in eines der acht Felder ein Rastplätzchen ein, auf dem es bequem stehen kann. Den Rastplatz kennzeichnet es mit seinem Buchstaben, damit kein anderes Kind dort Pause macht. Nacheinander hat jedes Kind folgende Aufgaben beim Tortenhüpfen zu bewältigen:

- auf beiden Beinen durch den Kreis hüpfen,
- auf einem Bein durch den Kreis hüpfen,
- mit gekreuzten Beinen hüpfen,
- mit geschlossenen Augen über die Felder gehen.

Wer bei einer Aufgabe auf eine Linie springt, muss für das nächste Kind Platz machen. Wer alle vier Aufgaben geschafft hat, darf sich einen weiteren Rastplatz einzeichnen. Diese Rastplätzchen erleichtern zwar die Runde, andererseits machen sie die Aufgabe auch schwieriger, weil so immer weniger freier Platz im Hinkelhäuschen bleibt.
Sind mehr als drei Rastplätze nebeneinander eingezeichnet, ist das Spiel zu Ende, da die Hinkelhäuschen nicht mehr zu erreichen sind. Das Spiel verlangt somit auch „Köpfchen".

erbliche Faktoren, sondern mehr auf eine falsche Ernährung zurückzuführen. Die meisten Kinder werden dick, weil ein Missverhältnis zwischen Energieaufnahme und -abnahme besteht. Die „Dickmacher“ nach Stiftung Warentest lauten:

- zu viel Essen über einen langen Zeitraum;
- zu wenig Bewegung über einen langen Zeitraum;
- falsches Essverhalten über einen langen Zeitraum.

Problematisch wird die kindliche Fettsucht, wenn sie bis ins Erwachsenenalter fortbesteht. Eine traurige Tatsache bei etwa 70 Prozent der Kinder, die mit sieben Jahren zu dick waren. Verallgemeinernd lässt sich sagen, dass Kinder, die zu dick bzw. fettsüchtig sind, sich in ihrer Haut und damit in ihrem Körper nicht wohl fühlen und große Probleme mit ihrem Selbstbewusstsein haben.

Zusätzlich werden Sie von Mitschülern gehänselt mit Ausdrücken wie „der Klops kommt“ oder „die Dicke“, und jede Sport- oder Bewegungsstunde wird zu einem einzigen Frustrationserlebnis. Das erschüttert die zarte Kinderseele. Ein teuflischer Kreislauf.

machen Sie kein Aufhebens darum. Geben Sie Ihrem Kind ein gutes Körpergefühl und stecken Sie es nicht mit dem Körperkult und Schlankheitswahn der heutigen Zeit an.

Tipp: Aufmerksame Körperpflege *hilft ein gesundes Körperbewusstsein zu entwickeln. Lassen Sie Ihr Kind an einem bestimmten Wochentag baden, waschen Sie es und cremen Sie es danach liebevoll ein.*

Jetzt heißt es handeln! *Bringt Ihr Kind mehr als 20 Prozent des für sein Alter und seine Größe festgelegten Idealgewichts auf die Waage, ist die ganze Familie gefordert. Im Fall einer diagnostizierten Fettsucht (Adipositas) wird Ihr Arzt mit Ihnen einen Speiseplan entwerfen. Zusätzlich stehen Sport und Bewegung auf dem täglichen Speisezettel.*

Psychotherapie? *Viele Ärzte empfehlen eine begleitende Psychotherapie. Diese kann hilfreich sein, wenn Ihr Kind z. B aus Kummer mit dem Essen angefangen hat – weil es das bei Ihnen abgeschaut hat.*

Spannung und Entspannung

Vor vielen Jahren hat der deutsche Schriftsteller Sten Nadolny einen literarischen Klassiker, „Die Entdeckung der Langsamkeit“, verfasst. In diesem Buch erzählt Nadolny die Geschichte des britischen Nordpolarfahrers John Franklin in Form einer Studie über die Langsamkeit.

John fällt von Kindesbeinen durch seine Langsamkeit auf. Langsames Sprechen und Denken, langsam in seinen Reaktionen, misst er die Zeit nach eigenen Maßstäben. Zunächst erkennt nur der Lehrer, dass Johns eigenartige Behinderung auch Vorzüge hat. Was er einmal erfasst hat, das behält er, das Einzigartige, das Detail begreift er besser als andere. Seine Bedächtigkeit erlaubt es ihm nicht, Dinge unverarbeitet aufzunehmen.

Schulkindern bleibt heute fast kein Zeit mehr zum Entspannen und die Welt in ihrem eigenen Rhythmus zu entdecken. Wie auch ihre Eltern unterliegen Sie dem Diktat der Uhr: Aufstehen, Anziehen, Frühstücken, Schule, Mittagessen, Schularbeiten, geregelte Freizeitgestaltung im Verein oder

Sprüche des F. Schiller

- Dreifach ist der Schritt der Zeit.
- Zögernd kommt die Zukunft hergezogen,
- Pfeilschnell ist das Jetzt entflogen,
- Ewig still steht die Vergangenheit.

- Keine Ungeduld beflügelt
- Ihren Schritt, wenn sie verweilt.
- Keine Furcht, kein Zweifeln zügelt
- Ihren Lauf, wenn sie enteilt.
- Keine Reu, kein Zaubersegen
- Kann die Stehende bewegen.

- Möchtest du beglückt und weise
- Endigen des Lebens Reise,
- Nimm die Zögernde zu Rat,
- Nicht zum Werkzeug deiner Tat.
- Wähle nicht die Fliehende zum Freund,
- Nicht die Bleibende zum Feind.

Friedrich Schiller

zusätzliche Kursbesuche, Abendessen, Schlafengehen. Sie sollen ihre Sachen wie Hausaufgaben gut und vor allem schnell erledigen, beim Schulweg oder Einkaufen nicht herumtrödeln und dabei stets guter Laune sein.

Die Zeit, ihre Erlebnisse zu verarbeiten, bleibt meistens auf der Strecke, dabei gehört Entspannung genauso zur Bewegung wie das Ei zur Henne! „Entspannung und Bewegung, Wahrnehmung und Erkenntnisse, soziale Faktoren und Gefühle hängen eng miteinander zusammen", schreibt Helmut Köckenberger. Ein Leben ohne Erholung, ohne Zeit zum Verschnaufen oder zum Nachdenken ist unvorstellbar – und stark gesundheitsschädigend.

Erwachsene neigen dazu, Entspannung mit Stillhalten und ruhig Liegen zu verwechseln oder Entspannungstechniken Erwachsener unverändert auf das Kind zu übertragen.

Die kindliche Entspannung zeigt uns, was damit im ganzheitlichen Sinn gemeint ist: nämlich Hingabe, Freude und loslassen können. Eine Gabe, die grundlegend für Konzentration ist.

Die Langsamkeit entdecken, Zeit haben für Muße und Betrachtung und Zeit um sich zu freuen und zu entspannen.

➡ ***Keine Stille.*** ***Helmut Köckenberger*** *fasst die Grundsätze kindgerechter Entspannung zusammen. Entspannung ist konzentriert und lustvoll, aber keine zwanghafte, angespannte Totenstille.*

➡ ***Loslassen.*** ***Entspannung ist mehr*** *ein bewegendes Loslassen als ein steifes Verhalten.*

Der Wechsel zwischen aktiven und ruhigen Momenten ist wichtig. Kinder spielen vertieft und ausdauernd, bis sie sich nach einer Ruhepause erholen, und das Erlebte „verdauen“ können.

Köckenberger meint: „Es lernt auch Entspannung eher durch Nachahmen, Erkunden und Ausprobieren, weniger durch verbale Anweisungen.

Es sucht märchenhafte, faszinierende, sinnhafte, aber ziellose Situationen in träumerischen Farben, um kurze, tiefe Augenblicke zu genießen.“

Kinder sind von Geburt an entspannungsfähig, verlernen diese Gabe aber oftmals in den ersten Schuljahren. Auch, weil Eltern ihnen ein Leben voller Stress und Hektik vorleben.

➡ ***Abwechslung.*** *Kindliche Entspannung bevorzugt spielerische Körperlichkeit und Abwechslung in traumhaften Geschichten statt monotoner und langweiliger Ruhe.*

➡ ***Nicht auf Befehl.*** *Der erste Schritt in Richtung Entspannung besteht darin, Überforderung, Stress, Zwang und Fremdbestimmung des Kindes zu vermeiden.*

➡ ***Hier und jetzt.*** *Entspannung bedeutet eher den Augenblick leben und genießen als angestrengt oder ängstlich die Augen zu verschließen.*

➡ ***Freie Entfaltung.*** *Frei gewählte und sinnvoll erlebte Entspannungsphasen sind wesentlich wertvoller als von außen motivierte und geführte Ruhesequenzen von gehorsamen Kindern.*

Geistige Einwicklung

Geschlecht und Sprachentwicklung

Lesen, Schreiben, Rechnen, Sachunterricht, Sport und Malen – nach Beendigung des ersten Schuljahres haben Kinder sich die ersten grundlegenden Kenntnisse erarbeitet und wissen bereits, welches Fach sie besonders gern mögen. Aufgeregt ziehen sie nach den Sommerferien in die zweite Klasse ein und sind stolz, dass sie nicht mehr die „ganz" Kleinen sind: Schließlich beherrschen Sie das Abc und können schon kurze Sätze lesen.

Einer Sprachauffälligkeit kann, neben anderen Ursachen, eine Bewegungsschwäche des Körpers zugrunde liegen.

Schritte der Entwicklung

- Die sprachliche Sicherheit insbesondere im mündlichen Ausdruck nimmt zu. Vorübergehend kann jedoch Stottern auftreten.
- Kurze Sätze mit vertrauten Worten werden flüssig gelesen. Im Schriftlichen gibt es noch grammatikalische Unsicherheiten.
- Ihr Kind rechnet sicher im Zahlenraum bis 20. Es kann addieren und subtrahieren.
- Das perspektivische Zeichnen gelingt noch nicht: 7-Jährige geben alle Ansichten eines Objektes wieder.
- Es beherrscht und durchschaut verhältnismäßig rasch alle Spielregeln.
- Ihr Kind kann die Verhaltensweisen Anderer gut nachahmen und kennt die verschiedenen Verwandtschaftsbeziehungen.

Sprechen, Malen, Formen – Spiele für den Ausdruck

Gegenteil erzählen

Beim Gegenteil erzählen muss das Kind gut aufpassen, dass es sich nicht verplappert oder falsch deutet: Ein Kind beginnt, indem es beispielsweise zur Decke deutet und sagt: „Das ist der Fußboden." Das nächste Kind deutet daraufhin auf den Fußboden und sagt: „Das ist die Decke."

Mit einer neuen Aussage setzt es das Spiel fort, indem es etwa auf sein Ohr zeigt und bemerkt: „Das ist mein Bauch." Das folgende Kind muss also auf seinen Bauch zeigen und mit: „Das ist mein Ohr" antworten. Wer zu lange zögert oder das falsche Gegenteil benennt oder anzeigt, muss einen Satz rückwärts sprechen; und das hört sich womöglich so an: „Nefalscheg ebah chi."

Was malst du da?

Zu diesem Spiel braucht man Stift und Papier. Zug um Zug verfolgen nun neugierige Kinderaugen, was auf dem Papier entsteht. Das möglichst schnell herauszubekommen ist der Sinn des Spieles. Die Idee sollte sich also nicht allzu schnell selbst verraten, sonst wird es schnell langweilig und das ist nicht Sinn der Sache.

Angenommen, ein Kind will ein Ausflugsboot am Badestrand zeichnen: Dann beginnt es vielleicht mit den Wolken, malt danach einen Palmzweig von einer großen Palme, dann Kinder im Wasser, bis es allmählich vom Schornstein bis zur Reling das Schiff malt. Währenddessen dürfen die Zuschauer raten, was da entsteht und wie das Thema der Zeichnung lautet.

Es können sich auch zwei Kinder absprechen und gemeinsam malen, wenn viele Mitspieler dabei sind. Dann beginnen sie auf einem ganz großen Bogen Papier in verschiedenen Ecken und malen zunächst Dinge, die scheinbar gar nicht zusammen passen. Das stiftet Verwirrung! Wer das Rätsel zuerst löst, darf das nächste Bild zeichnen.

Spiele im Schnee

Engelspiel

Fürs Engelspiel legt sich jedes Kind auf einer Wiese rücklings in den Schnee und bewegt die ausgestreckten Arme und Beine. Steht es vorsichtig auf, sieht der Abdruck im Schnee aus, als hätte dort ein Engel gelegen.

Im Schnee können Kinder sich so richtig austoben. Aber die weiße Pracht bietet sich auch für viele Spiele an.

Hat jedes Kind seinen Abdruck hinterlassen, wird gemeinsam geraten, wie die einzelnen „Engel“ im Schnee wohl heißen mögen?

Bildertreten

Jedes Kind tritt eine Zeichnung in den Schnee, etwa einen Weihnachtsbaum, den Nikolaus oder eine Kerze. Die anderen dürfen raten, was das Bild darstellen soll. Vom Rodelhügel aus können die Kinder die Kunstwerke gemeinsam bewundern.

Hellhörig werden viele Eltern, wenn Ihr Kind nach der Schule von seinen Erlebnissen spricht – und auf einmal stottert. Der Sprechrhythmus ist mangelhaft und unstet. Das Kind weiß zwar genau, was es sagen will, aber es kann dieses nicht ausdrücken. Vielleicht weist auch die Lehrerin frühzeitig auf eine Sprachentwicklungsstörung des Kindes wie Lese- und Rechtschreibschwierigkeiten, Artikulationsstörungen hin.

Die Forschung hat ergeben, dass viel mehr Jungen als Mädchen Sprachentwicklungsstörungen in den ersten zwei Schuljahren haben. Warum? Mädchen lernen ihre ersten Wörter früher als Jungen und bauen ihren Wortschatz schneller aus. Während des Vorschulalters reden Mädchen bereits weitschweifiger und mit komplexeren Satzgefügen. Sie bilden variablere syntaktische Muster und machen weniger Fehler.
In den ersten zwei Schuljahren sind Mädchen schneller beim Lesen einzelner Wörter.
Erst im neunten Lebensjahr, ab der 3. Klasse, haben Jungen den Anschluss an die weiblichen Leseleistungen erreicht. Der schnellere Einstieg in das Sprachsystem hat biologische Ursachen.

Sprachstörungen

Dsylalie:
Das Kind kann einzelne Laute nicht, kaum oder nur schwer aussprechen. Sätze werden vertauscht, ersetzt oder einfach weggelassen: Bille statt Brille, Fant statt Elefant.

Dysgrammatismus:
Worte oder Wortteile werden falsch gesetzt, Sätze fehlerhaft gebildet, Satzteile ausgelassen oder der Satzbau verdreht: Vogels sind gefliegt.

Stottern:
Mangelhafter und unsteter Sprechrhythmus, Anhalten der Atmung und Verkrampfung der Muskulatur führen beim Stottern zu unwillkürlichem Wiederholen einzelner, schwieriger Konsonanten oder Vokale.

Mutismus:
Traumatische Erlebnisse oder Beziehungsprobleme lassen das Kind verstummen. Es stellt den sprachlichen Austausch mit anderen Menschen ein und ist in seiner Welt eingeschlossen.

Eine große Rolle spielen hierbei Hormone, die das unterschiedliche Verhalten von Jungen und Mädchen steuern. Ein Teil des Gehirns, der Hypothalamus, an dem die Geschlechtshormone Östrogen und Testosteron ihre Wirkung entfalten, ist bei Männern zwei- bis dreimal größer, dafür ist der „Balken", ein Bündel von Nervenfasern, das die rechte und linke Gehirnhälfte verbindet, bei Frauen stärker entwickelt.

Diese Nervenfasern sind das Transportmittel für den Informationsaustausch zwischen den Gehirnhälften und wohl dafür verantwortlich, dass Frauen mit Sprache besser umgehen können. Sprachstörungen wiederum führen zu Verhaltensauffälligkeiten u. a. deshalb, weil Konflikte nicht verbal gelöst werden können. Deswegen brauchen Jungen und Mädchen möglichst viele Rollenmuster und -spiele, damit sie ihren Handlungsspielraum stetig erweitern können. Unser Gehirn ist von Hormonen geprägt, aber Erziehung und andere Umwelteinflüsse verstärken diese Prägung. Jungen und Mädchen brauchen deshalb möglichst viele Rollenmuster, damit sie ihren Handlungsspielraum erweitern.

Tipp: „Fördern Sie die Bewegungsfreude und den Austausch mit anderen Menschen im Spiel. Auf dieser Basis ist ein späteres gezieltes Sprachtraining erfolgreicher." (Köckenberger)

Unabhängig von Hormonen kön*nen folgende Faktoren zu Sprachauffälligkeiten führen. Köckenberger unterscheidet folgende Problembereiche:*

- ***Schwerhörigkeit oder chronische*** *Mittelohrentzündung,*
- ***eindeutig eingeschränkte Mund-*** *und Zungenbeweglichkeit,*
- ***Bewegungs- und Wahrneh****mungsschwächen des ganzen Körpers, speziell des Gleichgewichtsorgans,*
- ***verminderte Merkfähigkeit und*** *Handlungsspannung,*
- ***fehlende ausgebildete Stetigkeit,***
- ***Kommunikationsprobleme,***
- ***fehlende Spracherfahrung.***

Albert Einstein fing erst im Alter von fünf Jahren mit dem Sprechen an!

7 – 8 Jahre

Geistige Kompetenzen

"Als Kind ist jeder ein Künstler. Die Schwierigkeit liegt darin, als Erwachsener einer zu bleiben."
(Pablo Picasso)

In den ersten zwei Jahren spielen Noten in den meisten Grundschulen noch keine Rolle. Es darf aber nicht übersehen werden, dass die Schule trotzdem ein Ort ist, wo Kinder verglichen werden. Fakt ist: Das Mikrosystem Schule ist stark durch die Normen des Makrosystems der kulturellen Normen, Werte und Arbeitsstruktur bestimmt.

Unter Druck

Die Fortschritte des Kindes – meist nur im kognitiven Bereich – werden getestet, es wird vermessen und verglichen. Dabei wird stillschweigend eine Norm vorausgesetzt, die es zu hinterfragen gilt. „Es kann sehr nützlich sein, wenn man weiß, wo die Stärken und Schwächen eines Kindes liegen, aber der Druck, in jeder Beziehung einem Standard zu entsprechen, kann übermächtig und schädlich werden.

Eine zu große Orientierung an Normen kann dazu führen, dass die speziellen Begabungen eines Kindes übersehen oder vernachlässigt werden", so Elsie Osborne. Dem Wert des Normalen liegt der Durchschnitt zugrunde. Der Durchschnitt stellt jedoch nur eine Art Mitte dar. „Es ist“, so Osborne, „unvermeidlich, dass manche Kinder darüber, manche darunter liegen. Ebenso suggerieren Begriffe wie Intelligenz oder Intelligenzquotient eine einheitliche Leistung des Gehirns, die so nicht existiert.“

„Tatsächlich gibt es Funktionen wie das Kurz- und Langzeitgedächtnis, die für das ganze Gehirn von Bedeutung sind“, schreibt Prof. Remo H. Largo. Bereits im Mittelalter wusste man, dass der Mensch über verschiedene geistige Fähigkeiten verfügt. „Heutzutage“, erklärt Largo weiter, „kennen wir eine Vielzahl von geistigen Fähigkeiten, die sich aufgrund ihrer organischen Strukturen und Funktionen voneinander abgrenzen lassen“.

So gibt es Menschen, die über große sprachliche, aber geringe mathematisch-logische Fähigkeiten verfügen; bei anderen ist es genau umgekehrt.

Die wenigsten Schulen und pädagogischen Ansätze können den geistigen Kompetenzen auch nur halbwegs gerecht werden, geschweige, dass diese gefördert werden.

Die sechs Unterformen der menschlichen Intelligenz sind:

- sprachliche
- logisch-mathematische
- motorisch-kinästhetische
- musikalische
- soziale und
- figural-räumliche Kompetenz.

„Jedes Kind", so Largo, „hat seine ihm eigene Ausprägung der Kompetenzen. Auf diese einmalige Mischung von Stärken und Schwächen sollten wir uns als Eltern und Erzieher einstellen."

Die Einmaligkeit schätzen

Pfeifen Sie auf den Durchschnitt und auf das, was als „normal" gilt. Ihr Kind ist so wie es ist – nicht über-, unter- oder durchschnittlich – sondern einmalig! Geben Sie Ihrem Kind Wohlbefinden, ein gutes Selbstwertgefühl und akzeptieren Sie es vorbehaltlos als Person und nicht als Leistungsträger. Das können und das müssen Sie sich als Eltern erlauben.

Dieser kleine „Dr. Watson" ist sicher auf einer ganz heißen Spur.

Emotionale Entwicklung

Nervenfutter nicht nur für Eltern

In diesem Alter sind Kinder auf dem Weg in die Unabhängigkeit. Sie verstehen sich jetzt selber besser und auch die Gefühle und Gedanken von anderen. Ihre hinzugewonnene Argumentierfähigkeit, die ausgereifte Freude, Ihnen „Löcher in den Bauch" zu fragen und das größere Erfahrungsumfeld, welches durch die Schule vermittelt wird, kann Sie manchmal an den Rand eines Nervenzusammenbruchs führen. Es wird gestritten, debattiert, in Frage gestellt.

***Balanceakt.** Was Sie als Eltern jetzt vor allem brauchen sind gute Nerven. Das Selbstbewusstsein Ihres Kindes schwankt zwischen einer zu großen Sicherheit und einer zu großen Unsicherheit. Ebenso die Stimmungslage. Trotzdem sind Siebenjährige sehr selbstkritisch und empfänglich für die Kommentare Anderer. Loben Sie Ihr Kind, unterstützen Sie es mit konstruktiver Kritik und halten Sie die Balance im stürmischen Auf und Ab.*

Schritte der Entwicklung

- Jungen und Mädchen spielen gern und viel zusammen. Sie lieben den Wettstreit bei Gruppenspielen, aber möchten immer gewinnen und sind schlechte Verlierer.
- Kinder sind hilfsbereit gegenüber Menschen, die sie mögen.
- Ein 7-jähriges Kind ist oft verträumt und reagiert äußerst empfindlich auf die Zustimmung oder Ablehnung anderer.
- Es kann Gefühle am Gesichtsausdruck erkennen und benennen: Trauer, Angst, Fröhlichkeit und Wut.
- Selbstständigkeit, Unabhängigkeit und Zuverlässigkeit nehmen zu.
- Es kann eine Stunde allein in der Wohnung bleiben.
- Kurze bekannte Strecken werden mit öffentlichen Verkehrsmitteln nun auch allein bewältigt.

Vorbei auch die Jahre, als Ihr Kind ganz auf Sie fixiert war. Spielen mit Eltern ist langweilig, jetzt wird gemeinsam mit Gleichaltrigen um die Wette gelaufen, geworfen, Mannschaftsspiele ausgetragen und – hoffentlich gewonnen. Sonst gibt es eine kräftige Portion schlechte Laune!

Selber machen ist angesagt und am besten halten sich Eltern, wenn es nach dem Willen des Kindes ginge, so weit wie möglich zurück. Außer, es fragt nach Ihrer Unterstützung und Hilfe. Das Selbstbewusstsein von Siebenjährigen wächst mit jedem Tag, „es scheint ein Meilenstein zu sein auf dem Weg von der Kindheit zum Schulkind", so Elsie Osborne.

Viele Eltern betrachten die Fortschritte mit gemischten Gefühlen, schließlich stellt sich verstärkt die Frage, wie viel Unabhängigkeit ist möglich und wie viel Kontrolle nötig, um das Kind in seiner emotional-sozialen Entwicklung zu unterstützen. Ein Drahtseilakt beginnt, der Sie auch noch die folgenden Jahre ordentlich auf Trapp halten wird.

➡ ***Ausflug mit Freunden.*** *Organisieren Sie ein Picknick mit Eltern und Freunden, die Sie schon lange nicht mehr gesehen haben, oder verabreden Sie sich im Sommer mit ihnen im Schwimmbad. Während Ihre Kinder herumtoben oder plantschen, können Sie endlich mal mit Freunden relaxen.*

➡ ***Selbst ist das Kind.*** *Auf dem Weg zur Selbstständigkeit sollte es lernen,*

- ***wie es sich am Telefon zu melden** hat,*
- ***wie man kleine und bekannte** Strecken mit den öffentlichen Verkehrsmitteln fährt,*
- ***wie man kleine Einkäufe tätigt,***
- ***wie man sich am Tisch benimmt,***
- ***wie man sein Kinderzimmer auf**räumt.*

➡ ***Verantwortung abgeben.*** *In dem Wort VerANTWORTung ist die Konsequenz auf eine Frage versteckt: Kinder auf dem Weg in die Unabhängigkeit stellen Fragen und übernehmen damit Verantwortung. Antworten auf Fragen erhalten die Kinder aber nur dann, wenn Sie die Möglichkeit haben, diese im „try und error"-Verfahren selbst zu erfahren.*

Auf der einen Seite ist es unbestrittene Tatsache, dass das Kind noch vollständig von seinen Eltern abhängig ist. „Auf der anderen Seite muss es in der Familie, in der Schule und unter Gleichaltrigen und Freunden Verantwortung für sich selbst übernehmen und soviel Kompetenz wie möglich erwerben, um irgendwann später Verantwortung in der Gesellschaft tragen zu können", erklärt Stiftung Warentest.

Ihr Kind kann nicht eingeschlossen werden, es muss die Möglichkeit haben, seine Fähigkeiten und Grenzen auszutesten. Sich mit Anderen zu streiten und zu versöhnen, sich in der Schule und zu Hause durchzusetzen, um dann auch mal zurückzustecken. Auch wenn hin und wieder Tränen fließen oder wütend die Tür zum Kinderzimmer zugeknallt wird, weil: „Eltern sind doof".

Eigene Erfahrungen machen fördert eine selbstbewusste Persönlichkeit.

Reaktionen testen. *Wie ist es, wenn ich wütend mit dem Fuß aufstampfe oder einen Menschen mit Worten beleidige? Was passiert mit mir, wenn ich mich freue? Wie fühlen Mami und Papi, wenn sie traurig sind? Wie fühlt sich verlieren an? Wie soll, kann und darf ich mich in verschiedenen Situationen verhalten? Sie als Eltern sind Trainer und Blitzableiter in einem.*

Erfahrungen suchen

Ihr Kind ist auf dem Weg zu einer eigenständigen und selbstbewussten Persönlichkeit und dafür braucht es eigene Erfahrungen und nicht nur Belehrungen.

Taschengeld

In vielen Familien ist das Geld knapp, besonders mit mehreren Kindern und nur einem Einkommen oder als allein Erziehende Mutter/Vater mit einem Halbtagsjob. Obwohl es dann gilt, auf den Pfennig zu gucken, gehört doch der richtige Umgang mit Geld zu den Erziehungsaufgaben verantwortungsvoller Eltern.

Diese Erfahrungen können und sollen Kinder mit dem Taschengeld machen dürfen. Taschengeld ist Geld, das Ihrem Kind regelmäßig und unabhängig von seiner Leistung zur freien Verfügung ausgezahlt wird. Es fördert die Unabhängigkeit und das Verantwortungsbewusstsein.

Bringen Sie Ihrem Kind etwas über den Wert des Geldes bei und darüber, wie man es gut einteilt. Lassen Sie Ihr Kind die Erfahrung machen, dass es auf etwas sparen muss, was es haben will, statt es ihm nach stundenlangem Betteln zu kaufen – nur damit Sie Ihre Ruhe haben. Ihr Kind hat ein prima Gedächtnis und merkt sich dies auch für die nächsten Male.

➡ ***Zum Thema machen. Nehmen Sie*** *die Gelegenheit wahr und sprechen Sie das Thema Taschengeld auf dem Elternabend an. Einigen Sie sich, wenn möglich, auf einen gleichen Betrag, den alle Kinder erhalten. Bewährt haben sich drei bis vier Mark pro Woche. Schneiden Sie auch das Thema Gelderpressung auf dem Schulhof an!*

➡ ***Der Sinn des Geldes.***

- ***Bei einem festen Budget lernt*** *das Kind auch die Kunst der Selbstkontrolle. Es muss rechnen und einteilen. Wichtig für die Verantwortung.*
- ***Sparen und Schenken bringen*** *Ihrem Kind den Gedanken nahe, dass es Freude macht zu geben.*
- ***Das Kind lernt, dass eine Mark*** *genauso viel wert ist wie zehn mal 10-Pfennige. Die Eisdiele akzeptiert beides.*
- ***Machen Sie Ihrem Kind keine*** *Vorschriften, wofür es sein Geld ausgeben soll.*
- ***Gewähren Sie nicht ständig Vorschüsse,*** *sondern helfen Sie Ihrem Kind zu sparen. So lernt es, wie man Entscheidungen trifft.*

Wiedereinstieg in den Beruf

Es ist sicherlich kein Zufall, dass die meisten Frauen durchschnittlich nach sieben Jahren Familienpause wieder in den Beruf zurückkehren. Das erste Kind geht bereits in die zweite Klasse und der Youngster in den Kindergarten. In der Familienpause haben sich Frauen zu wahren Organisationsmeistern entwickelt und durch die Kindererziehung soziale und pädagogische Fähigkeiten erworben. Alles Pluspunkte, die sich nicht nur bei einer neuen Berufstätigkeit auszahlen können, sondern auch das Selbstbewusstsein stärken. Für viele Frauen gestalten sich jedoch die ersten Monate der Berufstätigkeit schwierig. Die Doppelbelastung bringt sie an den Rand der Erschöpfung.

Schnell nagt das schlechte Gewissen, ob das überhaupt miteinander in Einklang zu bringen ist: Beruf, Kinder, Partnerschaft. Auf einmal ist man zu müde, die Hausaufgaben durchzusprechen oder mit den Kindern zu spielen. Der Wäscheberg war auch schon mal kleiner und jedes kleine Alltagschaos treibt einen an den Rand der Verzweiflung.

Den Alltag organisieren

Fordern Sie aktive Mithilfe in Haushalt und Kinderbetreuung von Ihrem Partner ein. Klären Sie folgende Fragen: Wer bringt das Kind in den Kindergarten, zur Schule, zum Arzt? Wer macht Einkäufe? Wer kocht? Wer bügelt? Wer putzt? Spannen Sie den Rest der Familie in die Hausarbeit mit ein. Jeder muss sich verantwortlich fühlen. Am besten, Sie erstellen einen Haushaltsplan, in dem die anfallenden Arbeiten konkret verteilt sind – und bestehen Sie darauf, dass die Abmachungen eingehalten werden.

Kein schlechtes Gewissen! *Suchen Sie Kontakt mit Frauen, die bereits erfolgreich in den Job zurückgekehrt sind, und lassen Sie sich Tipps geben. Schaffen Sie Freiräume und reservieren Sie genügend intime und entspannende Zeiträume für sich, für sich und Ihren Partner und täglich für sich und Ihr Kind. Eine zufriedene Mutter kann keine Rabenmutter und keine schlechte Partnerin sein!*

Wenn Sie als Mutter wieder in den Beruf einsteigen, ist vor allem eines wichtig: Erwarten Sie nicht, dass alles sofort wie am Schnürchen klappt. Wie jeder normale Arbeitnehmer brauchen auch Sie Zeit, sich mit der neuen Aufgabe vertraut zu machen. Ebenso brauchen Ihre Kinder und der Partner Zeit, mit den veränderten Rahmenbedingungen umzugehen. Dass Sie jetzt arbeiten heißt nicht, dass Sie aus der Welt sind – im Gegenteil. Die meisten Frauen empfinden Ihren Beruf nach den ersten Turbulenzen fast als „Ferien" von zu Hause.

Scheidung tut weh

Ein weiterer Grund vieler Frauen für die Berufstätigkeit ist die Scheidung. Auch wenn Trennungen zum Leben gehören, so bleibt dieses Erlebnis – nicht nur für Siebenjährige – ein verstörendes Geschehen, egal, ob sich die Eltern „freundschaftlich" oder mit „Pauken und Trompeten" voneinander lösen. In diesem Alter kann man einem Kind zwar schon gut erklären, was vorgeht, trotzdem führt allein die Tatsache zu Verwirrung und oft zu tiefer Verzweiflung.

Heiraten und Trennen gehört zum Leben. Für Kinder sind Scheidungen aber ein tiefer Einschnitt.

➡ ***Offenes Gespräch.** Siebenjährige sind gute Beobachter und merken, wenn etwas zwischen den Eltern nicht stimmt. Es braucht eine möglichst offene und ehrliche Beschreibung dessen, welche Veränderungen es zu erwarten hat – und die Versicherung, dass es von beiden Eltern geliebt wird.*

In diesem Alter ist es für das Kind noch sehr schwierig, mit gemischten und widersprüchlichen Gefühlen umzugehen. Jede Scheidung ist eine Katastrophe für das betroffene Kind. „Seelische Störungen sind damit vorprogrammiert, auch wenn viele Kinder verdächtig vernünftig reagieren", so Stiftung Warentest.

Die meisten Verhaltensauffälligkeiten und psychosomatischen Beschwerden kommen erst Jahre später zum Tragen und lassen sich manchmal nur noch „schwer auf das Trennungserlebnis beziehen, weil es zu lange zurückliegt".

Tatsache ist: Liebe mutiert bei einer Trennung häufig zum größten privaten Kriegsschauplatz. Für die betroffenen Kinder bricht ihre Welt, die sie bis dahin kannten, vollkommen zusammen, die Scheidungsfolgen sind verheerend. Kinder brauchen Schutz und die Vermittlung von immateriellen Werten wie Aufmerksamkeit, Liebe und soziale Kompetenz. In der Elternverantwortung liegt es jetzt, den Schaden soweit wie möglich zu begrenzen. Die Differenzen zwischen den Partnern sollten die Elternebene nicht berühren. Ein Kind liebt beide Eltern.

➡ ***Neutrale Bezugsperson.*** *Betroffene Kinder benötigen eine enge Bezugsperson aus dem Familienumfeld, die ihnen zusätzlich Geborgenheit und Schutz gibt und hilft, das Trauma zu verarbeiten.*

➡ ***Keine Parteilichkeit.*** *Eltern dürfen niemals versuchen, das Kind auf die eine oder andere Seite zu ziehen. Sie setzen sich damit über die Loyalität ihres Kindes und seine seelischen Bindungen hinweg.*

➡ ***Hilfe für alle.*** *Bevor es zu einer Eskalation kommt, sollten betroffene Eltern die Möglichkeiten von Beratungsstellen wahrnehmen. Bewährt hat sich die so genannte Mediation (Vermittlung). Die ausgebildeten Psychologen, Soziologen oder Anwälte sind darauf spezialisiert, die beste Lösung für Vater, Mutter und Kind(er) in gemeinsamen Gesprächen herauszufinden und zwischen den Partnern zu vermitteln. In schwierigen Scheidungs- und Trennungsfällen kommt heutzutage kein Familiengericht mehr ohne den Rat von Mediatoren aus.*

8 bis 9 Jahre

Die Welt als Experimentierfeld

Im neunten Lebensjahr wird die Welt zu einem Experimentierfeld. Wie „Hans im Glück“ zieht Ihr Kind immer weiter in die Welt hinaus. Es knüpft neue Freundschaften und vertieft seine Interessen. Der Forschungsdrang ist nicht zu bremsen. Und die fortgeschrittene Lesefähigkeit eröffnet ihm die Welt der Bücher. Selbstständig und selbstbewusst sucht es sich mit seinen Gefährten Spielorte, die nicht mehr im Umfeld der elterlichen Wohnung liegen. Die Grenzen werden erweitert, die Welt nach Hause geholt.

Körperliche Entwicklung

Miteinander statt gegeneinander

Was für eine Freude! Ihr Kind ist aktiv und will sich in seiner körperlichen Geschicklichkeit weiter entwickeln. Der nächstgelegene Abenteuerspielplatz verspricht mannigfache Herausforderungen wie Klettern und Buden bauen. Der Bolzplatz lädt zum Fußballspielen mit den Nachbarskindern ein oder es werden eigene Spiele mit Regeln, die nur die beteiligten Kinder kennen, ausgedacht – fern der elterlichen Aufsicht. Jetzt macht es Spaß in einer Mannschaft mit klaren Regeln zu

➡ ***Für alle Fälle.*** *In diesem Alter sind Spielorte „in", die nicht mehr in der unmittelbaren Nachbarschaft, beziehungsweise in Sichtnähe der elterlichen Wohnung liegen. Die gewährte Spielfreiheit birgt Gefahren und Sie sollten immer wissen, wo sich Ihr Kind aufhält. Zur eigenen Sicherheit muss es folgende Regeln beachten: sich niemals von Fremden ansprechen lassen und keine Geschenke annehmen, niemals zu Fremden ins Auto einsteigen. Wenn es Hilfe braucht, laut schreien und an Passanten*

Schritte der Entwicklung

- Das Kind hat eine gute räumliche Wahrnehmung, auch von „bewegten" Objekten wie fahrenden Autos. Zu Fuß ist es verkehrssicher.
- Der Gleichgewichtssinn ist ausgebildet: Es jongliert mit Tüchern, balanciert sicher über eine große Wippe, kann rhythmisch tanzen, springen, klatschen. Es kann auf Stelzen gehen.
- Achtjährige beherrschen Mannschaftsballspiele und spielen Federball.
- Spielen und Toben sollte für drei bis vier Stunden täglich gesichert sein. Das Kind braucht noch diesen Ausgleich.
- Das Aufmerksamkeitsvermögen nimmt zu, so dass es längere Zeit konzentriert arbeiten und bei einer Sache bleiben kann.

spielen. Denn die Bedeutung von beidem, Mannschaft und Regeln, sind jetzt verstanden.

„Eine Mannschaft, zu der man hält und für die man sein Bestes gibt, kann für ein Kind in diesem Alter außerordentlich anziehend und von großem Einfluss sein. Mädchen und Jungen gleichermaßen lieben die spezifische Wärme eines Wir-Gefühls, das mit Mannschaften verbunden ist", erklärt Elsie Osborne. Die Mannschaft braucht gar nicht groß sein, es reicht die beste Freundin, um ein starkes Wir-Gefühl zu entwickeln.

Dieses Wir-Gefühl ist eine Sache, die Freude an der Bewegung eine weitere: Achtjährige sind in ihrer Grob- und Feinmotorik besser auf Zack als in den ein, zwei Jahren zuvor. Jetzt beherrschen sie Bewegungsabläufe, die in den beiden letzten Jahren undenkbar waren und sind begierig, noch viel mehr zu lernen. Sie können über eine Wippe balancieren, rückwärts eine Acht mit geschlossenen Augen gehen, rhythmisch tanzen und klatschen, Fußball spielen und vieles mehr.

wenden. Für den Notfall sollte es immer eine Telefonkarte bei sich tragen.

Gesunde Konkurrenz. ***Der bewusste*** *Umgang mit Konkurrenz und Rivalität kann nützlich sein. Trotzdem sollten Sie im Auge behalten, dass Ihr Kind bei den meisten sportlichen Freizeitaktivitäten in dieselbe Konkurrenzsituation kommt, die schon jetzt dem Tenor unserer Leistungsgesellschaft entspricht.*

Ballett fördert die feinmotorische Koordination und stärkt das Wir-Gefühl.

„8 Jahre“, so Elisie Osborne, „sind ein wunderbares Alter zum Erwerben von Fähigkeiten oder zumindest ein Alter, in dem der Plan dazu bei den Kindern in den Vordergrund tritt“. Sie fangen mit Judo, Fußball, Ballett, Hockey, Turnen, Reiten oder Schwimmen an, gehen einmal wöchentlich zum Training oder lernen ein Musikinstrument und besuchen Malkurse.

Viele Eltern melden ihr Kind zu einem Mannschaftssport an, weil sie sich zusätzliche Unterstützung in der Vermittlung von sozialen Werten wie Kooperation, Fairness und Zusammenhalt wünschen. Dazu die Professorin Hildegart Hetzer: „Die Mehrzahl der an Regeln gebundenen Spiele, aber auch viele frei erfundene Spiele sind Spiele, in denen es darauf ankommt, die Überlegenheit über die Mitspieler, die als Gegner betrachtet werden, zu erweisen. Kinder lernen in diesen Spielen, sich im Konkurrenzkampf zu behaupten und ihre Kräfte im Rahmen der Spielregel in fairer Weise miteinander zu messen.“

➡ ***Loten Sie das Interesse Ihres Kin****des aus und fragen Sie, ob es gerne einen Malkurs, eine Musikschule oder einen Sportverein besuchen würde. Achtjährige neigen dazu, erst einmal zu allem „ja“ zu sagen. Bieten Sie Ihrem Kind verschiedene Alternativen an und lassen Sie es für eine Aktivität entscheiden.*

➡ ***Auf der Suche. Wenn sich Ihr Kind*** *entschieden hat, sollten Sie nach günstigen Schnupperkursen für Kinder Ausschau halten. Diese werden von den meisten Sportvereinen angeboten. Ebenso gibt es günstige Alternativen zu oftmals teuren privaten Mal- und Musikschulen. Werfen Sie doch einfach mal einen Blick in Anzeigen- oder Wochenblätter.*

➡ ***Zeit fürs freie Toben. Zeit, Bewe****gungsabläufe zu beherrschen und neue zu lernen ist für alle Kinder gut. Achten Sie jedoch darauf, dass geregelter Sport, Ballett oder Tanz kein Ersatz für freies Toben und Spielen ist.*

Technik, Werken und Basteln

Es ist heute ein wenig aus der Mode gekommen, dass bereits Kinder mit Nadel und Faden, mit Hammer und Nagel umzugehen wissen oder ihre Eltern bei Handwerksarbeiten unterstützen. Das liegt sicherlich auch daran, dass viele Arbeiten von Spezialisten übernommen werden. Die Kleider kommen in die Änderungsschneiderei, das Fahrrad in die Reparatur oder das Auto in die Werkstatt. Kleidung wird nicht mehr selber genäht, sondern gekauft, wie auch der größte Teil des Spielzeugs.

Das ist schade, ganz abgesehen von der sinnlichen und beglückenden Erfahrung, einen (Gebrauchs-) Gegenstand oder ein Spielzeug selber herzustellen oder zu reparieren. Das Erlernen technischer oder manueller Fähigkeiten ist nämlich grundlegend wichtig für die Entwicklung der senso-motorischen Koordination, z. B. der Hand-Augen-Koordination. Neben den sportlichen oder künstlerischen Freizeitaktivitäten sind die praktischen Handwerkertätigkeiten genauso wichtig: Nur so werden weitere Fähigkeiten ausgebaut und senso-motorische

Wir basteln...

... einen Zimmerspringbrunnen

Als Materialien werden benötigt: 2 große Joghurtbecher, Stopfnadel, Flaschenkorken, Knetmasse, Steine, Plastikwanne, Kerze, Korken.

Zuerst sticht man eine Stopfnadel, mit dem stumpfen Ende voran, in einen Flaschenkorken. Der Korken dient zum Halten der Nadel, die man nun in einer Kerzenflamme erhitzt. Bitte unter Aufsicht!
Nehmen Sie einen leeren Joghurtbecher und stechen Sie im untersten Bereich, kurz oberhalb des Bodens, rundherum mit einer heißen Nadel Löcher hinein.
Der durchlöcherte Becher wird mit etwas Knetmasse auf einen anderen, umgedrehten Joghurtbecher geklebt und mit Wasser gefüllt. Voilá, schon ist der Springbrunnen da!
Wenn man den Springbrunnen in eine Plastikwanne stellt, kann Ihr Kind Steine oder Muscheln, die es gesammelt hat, herumlegen.

Sport und Werteerziehung

Spätestens ab der dritten Klasse werden in den herkömmlichen Grundschulen Noten eingeführt und Kinder im Hinblick auf ihre Leistung beurteilt. Der Lehrer vergibt die Noten nicht nur für Lesen, Rechnen, Schreiben und Sachkunde, sondern ebenso in Fächern, die Grundlage für das Ausdrucksvermögen Ihres Kindes sind: Spiel und Bewegung sowie Malen oder Basteln (Kunst).

Auch wenn Sie Noten grundsätzlich befürworten, sollten Sie ein freizeitpädagogisches Gegengewicht schaffen, denn die Überbetonung der schulischen Leistung hat den Verlust der spielerischen Elemente zur Folge. Der Grundlage für Intelligenzentwicklung, Kreativität und soziales Lernen wird dann der Nährboden entzogen.

Im Bewegungsspiel probiert das Kind Begegnungen mit anderen Kindern aus. „Es versucht Stellung zu beziehen, sich abzugrenzen, sich zu verbünden oder sich Vorteile zu verschaffen. Es erlebt mit seinem Körper Nähe und Distanz. Es lernt seine Bewegungen an die Bewegungen oder die Ideen anderer Kinder anzupassen. Es lernt, andere Kinder zu führen und kleine Probleme gemeinsam zu lösen“, so Helmut Köckenberger.

Wir wissen ja, dass Bewegung die Sinnsysteme ausbildet. Gefühlsbewegungen wie Freude, Mitgefühl, Sehnsucht, Zuneigung, Wut, Ärger, Trauer und Verzweiflung finden so ihren körperlichen Ausdruck. Die soziale Integration eines „Wir“ ist gelungen, wenn sich Kinder über verschiedene Rollen und Inhalte des gemeinsamen Spiels in Form von Regeln geeinigt haben.

Soziale Kompetenz wiederum entwickelt „sich aus den konkreten Erfahrungen, die das Kind im Umgang mit seinen Mitmenschen macht”, so Prof. Remo H. Lago. Da auch Mannschaftssportarten den Leistungsgedanken durch ausgetragene Wettkämpfe förderlich sind, lernt das Kind aus konkreten Erfahrungen, was es heißt zu gewinnen oder zu verlieren. Die Wertigkeit wird gleich mit vermittelt. Die Siegermannschaft erhält eine Urkunde oder einen Pokal, der Rest geht leer aus.

Kindern muss somit die Möglichkeit gegeben werden Spiele zu spielen,

Fußball fördert den Leistungsgedanken.

bei denen es nicht auf die Überlegenheit über einen (Mannschafts-)Gegner ankommt, sondern auf Kooperation der Spieler zur Erreichung eines gemeinsamen Zieles. Im kooperativen Spiel werden soziale Kompetenzen erworben, denen heutzutage eine größere Bedeutung für die Lebensbewältigung beigemessen werden als der intellektuellen Leistungsfähigkeit.

Soziale Kompetenz, auch unter dem unzulänglichen Schlagwort „Emotionale Intelligenz“ bekannt, wird oftmals der emotionalen oder geistigen Entwicklung zugeordnet. Jedoch besteht soziale Kompetenz aus weit mehr als nur aus Gefühlen. „Eine hohe soziale Kompetenz besteht aus einer großen Sensibilität für zwischenmenschliches Verhalten und die Fähigkeit, mit den Menschen geschickt umzugehen. Sie beinhaltet nicht notwendigerweise auch ethisches Denken und Handeln. Letzteres wird weitgehend durch die Erziehung vermittelt“, erklärt Lago.

Abläufe entwickelt und verfeinert. Nach dem Psychologen Piaget ist dies sogar die Basis für die kognitive Entwicklung. Gleichsam wird die Konzentration auf die zu erledigende Arbeit gelenkt. Ihr Kind lernt somit „ganz bei der Sache zu sein“, von anderen Kindern oder Geräuschen nicht abgelenkt zu werden. Um diese Fertigkeiten zu erwerben braucht es gar nichts Spezielles und keine gesonderten Freizeitaktivitäten, sondern „nur“ Eltern, die bereit sind, mit ihm zu basteln, zu werken und zu handarbeiten.

Eltern werden durch „Zappelphillipe“ auf eine harte Probe gestellt.

Zappelphilipp & Co.

In unserer Gesellschaft ernten bereits Kinder mit einem gesunden Bewegungsdrang oft genug missbilligende Blicke. Wie ergeht es dann aber Kindern, die sich ständig bewegen müssen, womöglich Schwierigkeiten mit der Wahrnehmung und Feinmotorik haben, kurz unter dem „HKS – Hyperkinetischen Syndrom“ leiden?

Neben ihrer Bewegungsunruhe können sie sich schlecht konzentrieren, handeln impulsiv und unbedacht und leiden unter starken Stimmungsschwankungen.

➡ ***Hilfe für Eltern.*** *Eltern, deren Kind unter HKS leidet, sollten unbedingt Kontakt zu einer Selbsthilfegruppe aufnehmen, die sich der Probleme hyperaktiver Kinder und Eltern annimmt. Dort erfahren Sie die Unterstützung und Hilfe, die Ihnen von der Umwelt verwehrt wird, die Sie jedoch in den meisten Fällen dringend brauchen. Selbst Haus- oder Kinderärzte und Beratungsstellen sind oft nicht ausreichend mit dem „Problem“ vertraut und reagieren mit Unmut oder Unverständnis.*

Spiele ohne Sieger

Schlangenlauf

Alle Mitspieler bilden eine lange Schlange. Sie stellen sich hintereinander auf, beide Hände auf die Schultern des Vordermanns. Der linke Fuß wird vor den rechten gekreuzt. Wenn sich die Schlange nun fortbewegt, müssen alle ein wenig hinken.

Der Kopf der Schlange kann nun noch ganz andere Fortbewegungsarten von hinten durchgeben:
– Der rechte Fuß muss mit Schwung links vor den linken Fuß gesetzt, der linke Fuß dann rechts vor den rechten, wobei das vorgestellte Bein sich von vorn neben das andere setzt.
– Alle Schlangenglieder drehen sich um 90 Grad nach links, legen je einen Arm auf die Schultern des rechten und linken Nachbarn – und machen nun im festgelegten Wechsel unterschiedliche Schritte.
– Erst zwei oder drei Steppschritte zur Seite, dann einen Schritt zurück und zwei vorwärts.

Schauen Sie selbst, wie lange sich die Schlange im Gleichgewicht halten kann!

Einer trage des Anderen Last

Dieses Spiel ist hervorragend dafür geeignet, um fremde Kinder kennen zu lernen. Es lässt sich besonders gut an Plätzen spielen, wo viele andere Kinder sind: auf dem Spielplatz, am Strand oder auf dem Camping-Platz. Alle Beteiligten sitzen einander auf den Oberschenkeln.

Das heißt:
Die ganze Kinderschar nimmt in einer Schlange mit dichten Abständen Aufstellung und auf Kommando lässt sich jeder vorsichtig auf den Oberschenkeln der hinter ihm stehenden Person nieder.
Damit der Erste und der Letzte in der Schlange auch einen Sitzplatz bekommen, muss die Schlange erst einen Kreis bilden, ehe das Kommando zum Hinsetzen ausgegeben wird.
Auch wenn alle sitzen, kann der Kreis erweitert werden: An irgendeiner Stelle müssen ein paar Spieler vorsichtig aufstehen, die neu Hinzugekommenen in den Kreis aufnehmen und sich mit den Neuen vorsichtig wieder hinsetzen.

Mit lautem Getöse und Waghalsigkeit halten sie nicht nur ihre Eltern, sondern die gesamte Umwelt in Atem.

Konservative Schätzungen gehen davon aus, dass zwei bis vier Prozent aller Schulkinder zu den Zappelphilippen zählen, und Jungen sind bis zu achtmal häufiger betroffen als Mädchen. Warum, weiß keiner.

Auch die Ursache der Störung können Wissenschaftler bislang nicht genau erklären: genetische Faktoren, besondere Belastungen während der Schwangerschaft und Geburt, Unverträglichkeit bei bestimmten Nahrungsmitteln – besonders chemische Zusätze – , schwere Infektionskrankheiten wie Meningitis oder auch Umweltfaktoren wie Heimaufenthalte spielen eine mögliche Rolle.

Genauso wie die unterschiedlichen Ursachen werden auch die möglichen Therapien kontrovers diskutiert. Eines ist zumindest sicher: schimpfen hilft auf keinen Fall und nicht nur die Kinder, auch die Eltern brauchen vielfältige Unterstützung.

Klavierspiel fördert die Konzentrationsfähigkeit eines Kindes.

Andere Ernährung. *Bevor Sie einer medikamentösen Behandlung Ihres Kindes zustimmen, sollten Sie die Möglichkeit einer Diät in Betracht ziehen und diese mit dem zuständigen Arzt absprechen. In einigen Fällen leiden Kinder lediglich unter Selenmangel oder sie haben einen zu großen Süßigkeiten- und/oder Phosphatkonsum.*

Das braucht das HK-Kind. *Neben Verhaltenstraining, Entspannungs- und Konzentrationsübungen bis hin zu Bewegungstherapie und Familienberatung brauchen hyperaktive Kinder vor allem folgendes: große Bewegungsräume, positive Anerkennung und klare, aber weite Grenzen.*

Geistige Entwicklung

Auf Entdeckungstour

Die schulischen Richtlinien besagen, dass man Kindern bis zum Ende des zweiten Schuljahres Zeit lassen sollte, um das Lesen zu erlernen. In der dritten Klasse ist für die meisten Kinder dieses erste Ziel erreicht, auf das sie sich solange gefreut haben. Buchstabe für Buchstabe und Satz für Satz wurden fleißig gelernt und jetzt klappt es: Sie können flüssig lesen, munter erzählen und beherrschen die Grundlagen der Schriftsprache. Zusätzlich wird die Entdeckungslust durch diverse Schulprojekte (z. B. Teich bauen) und die erste Klassenfahrt gefördert.

➡ ***Ab in die Leihbücherei!*** *Eine tolle Möglichkeit Ihr Kind in die Bücherwelt einzuführen sind öffentliche Bücherhallen. Gehen Sie dort auf Entdeckungstour, zeigen und erklären Sie Ihrem Kind die unterschiedlichen Abteilungen und Wissensgebiete und lassen Sie es nach Herzenslust in den Kinderbüchern stöbern. Ohne ein geliehenes Buch verlässt Ihr Kind sicherlich nicht diesen spannenden Ort.*

Schritte der Entwicklung

- Die Begeisterung für Bücher nimmt zu, gleichzeitig ein sicheres Gespür für sprachliche Feinheiten.
- Kinder entwickeln teilweise ein virtuoses sprachliches Imitationstalent.
- Erlebnisse werden lebendig wiedergegeben, auch schriftlich. Der mündliche Erzählstil ist flüssig. Es gibt kaum noch sprachliche und grammatikalische Unsicherheiten.
- Denken wird zu einem Experimentierfeld.
- Es beherrscht das kleine Einmaleins; kann den Zahlenraum bis 1 000 erfassen.

Die kognitive Entwicklung macht einen Quantensprung: Kinder verstehen nunmehr, dass geistige Leistung zum Erfolg führt und stellen fest, dass Denken mit Befriedigung verbunden ist. Mit Wissbegierde und Forscherdrang „erdenken“, „erlesen“ und entdecken die Achtjährigen vollkommen neue Welten. Sie entwickeln sich zu wahren „Leseratten“.

Taktische Spiele. Brett- und Gesellschaftsspiele sind jetzt Trumpf. Kinder fangen jetzt an Spiele wie „Mensch ärgere dich nicht“ zu lieben, weil diese ihnen die Möglichkeit geben mit Einsatz ihres Köpfchens zu gewinnen: Taktik ist angesagt, vorausschauendes Denken und Handeln!

Hautnah erleben sie die Abenteuer der „Kinder aus Bullerbü“, tauchen in die Welt von Hanni und Nanni ein, fürchten mit Annika und Tommy bei Pippi Langstrumpfs gewagten Unternehmungen oder amüsieren sich über die Streiche der „Kleinen Hexe“. Die ersten Sachbücher über Pferde, Ballett, Autos, Basteln oder das Universum wecken Interessen und die Welt der Detektivromane lockt zum Einstieg.

Für Leseratten

Welthits der Kinderliteratur:

- Für Leseratten
- Pu, der Bär
- Harry Potter
- Der Räuber Hotzenplotz
- Urmel aus dem Eis
- Pippi Langstrumpf
- Eine Woche voller Sams
- Die Hexe Lily
- Geheimnis um.. (Enid Blyton)
- Michel aus Lönneberga
- Jim Knopf und Lukas....

Mit den Schulfreunden werden Geheimschriften entwickelt, die nur die Beteiligten kennen, erste Tagebücher werden geschrieben, Brieffreundschaften geknüpft und vor Experimenten, besonders zu Hause, ist keine Familie mehr sicher.

Geheimschrift. Zeigen Sie Ihrem Kind, wie es geheime Botschaften schreiben kann. Zum Beispiel, indem es Zitrone in eine leere Tintenpatrone füllt und auf ein Blatt Papier schreibt. Erst wenn das Papier mit einem warmen Bügeleisen gebügelt wird, kann man lesen, was geschrieben wurde.

Lust und Frust durch Noten

In den meisten Bundesländern werden benotete Zeugnisse ab der dritten Klasse erteilt. Ausnahmen bilden die Waldorfschulen, Montessori-Schulen und einige staatliche Modell- und Gesamtschulen. Mit der Benotung droht auch die Gefahr, dass das Kind bei mangelhaften Leistungen die Klasse wiederholen muss. Damit wird das pädagogische Ziel der ersten Grundschuljahre nivelliert.

Dieses will erreichen, dass Kinder positive Erfahrungen mit der Schule machen, Selbstvertrauen entwickeln und Freude am Lernen haben, das mit dem „Werk" – ein psychoanalytischer Ausdruck – verknüpft ist. „Wenn dieses Werk jedoch in ein Notenschema gepresst und nicht als solches gewürdigt wird, entwickelt das Kind nur den 'Notensinn' – und das will doch wohl keiner!", schreibt Stiftung Warentest.

Noten richten Schaden an, auch im zwischenmenschlichen Bereich. „Mit der Zensierung", erklärt Stiftung Warentest weiter, „ziehen Wettbewerbsdenken und Konkurrenzangst in die Schule ein – und das schon dadurch, weil die

➡ ***Nachfragen.*** *Geben Sie sich als Eltern nicht mit Ziffern zufrieden, sondern lassen Sie sich am Elternabend oder in der Elternsprechstunde erklären, was mit den Zensuren von „1" bis „6" gemeint ist. Erkundigen Sie sich auch, was die allgemeinen und besonderen Leistungsanforderungen der Klassenstufe sind, nach denen Ihr Kind beurteilt wird und wo es eventuell Hilfe braucht.*

➡ ***Lust statt Frust.*** *Besprechen Sie beim Elternabend, welche Möglichkeiten es gibt, von Anfang an den Leistungsdruck aus den Zensuren zu nehmen. Die Lehrerin könnte z. B. unter jede Note die entsprechende Anzahl von Blumen malen, wie es in japanischen Schulen gemacht wird. Auch wenn Ihr Kind mit einer vier oder fünf nach Hause kommen sollte, wäre das Erschrecken darüber nicht ganz so tragisch.*

➡ ***Eigene Schulzeit.*** *Denken Sie auch daran, wie es war, als Sie die ersten Noten und Zeugnisse mit nach Hause gebracht haben! Wie fühlten Sie sich bei guten und bei schlechten Noten? Wie haben Ihre Eltern reagiert und welche Reak-*

Kinder selbst die Noten vergleichen."

Die Großeltern fragen nach Noten, die Geschwister, die Eltern – und auch eine ganze Reihe von Grundschulpädagogen, die notenfixiert und leistungsorientiert sind. Sprüche wie „mit diesen Zensuren kommst du aber nicht aufs Gymnasium", sind keine Seltenheit. In so einem Fall sind alle Eltern gefordert, dem Einhalt zu gebieten! Eltern wollen ja das Beste für Ihr Kind, besonders eine gute Ausbildung für den konkurrierenden Arbeitsmarkt:

„Zukünftig wird jedoch weniger Wissen an sich als vielmehr die Kenntnis gefragt sein, wie man an Informationen gelangen und wie man sie nutzen kann. Die spätere Lebenstüchtigkeit wird wahrscheinlich von den verfügbaren Lernstrategien und der Konfliktfähigkeit abhängen. Letzteres können sich Kinder nicht durch Auswendiglernen, sondern durch problemorientiertes Lernen und Ausbildung der sozialen Kompetenz aneignen. Der Lernprozess selbst wird dabei mindestens so wichtig sein wie der Erwerb von Fertigkeiten und Wissen" (R.H. Lago).

tion haben Sie sich damals gewünscht?

➡ ***Trotzdem geliebt.*** ***Natürlich müssen*** *Sie sich Gedanken machen und handeln, wenn Sie merken, dass Ihr Kind aus verschiedenen Gründen in der Schule nicht mitkommt. Trotzdem braucht Ihr Kind von nun an vor allem eines – unabhängig davon, ob es mit einer „1", „2" oder „5" nach Hause kommt: Damit Ihr Kind spielerisch lernen kann, muss es sicher sein, dass es geliebt wird, egal, welche Noten es nach Hause bringt. Nur dann kann man über Fehler auch mal lachen!*

➡ ***Unser Weltwissen*** ***nimmt gera****dezu explosionsartig zu. Zur Zeit verdoppelt sich dieses schätzungsweise alle vier bis fünf Jahre! Niemand kann heute mit Bestimmtheit sagen, welche Fähigkeiten Ihr Kind in den kommenden Jahren brauchen wird. Deswegen ist es umso wichtiger, dass Sie Ihrem Kind die Fähigkeit mitgeben, mit Konfliktsituationen konstruktiv umzugehen. Dazu gehört auch die Angst, in einem Leistungsvergleich zu versagen.*

Spiele und Experimente für achtjährige Entdecker

„Stadt, Land, Fluss"

Für Kinder ab der dritten Klasse ist dieses Spiel ein Hit. Ermuntern Sie Ihr Kind, seine Freunde für einen Spielnachmittag einzuladen und los geht's:

Alle Spieler schreiben auf ihre Zettel nebeneinander die Rubriken Stadt, Land, Fluss und Name. Dann sagt ein Kind laut „A" und spricht das restliche Alphabet in Gedanken weiter. Das Kind rechts von ihm ruft „Stopp!", und das erste Kind muss den Buchstaben nennen, bei dem es angekommen ist.

Trostpreis

Wandeln Sie das Spiel dahingehend ab, dass sowohl der Sieger als auch der Letztplatzierte eine kleine Trophäe oder ein großes „Hurra" erhält. So beugen Sie Überschätzung auf der einen und Unterschätzung auf der anderen Seite vor. Schließlich ist alles nur ein Spiel ...

Jetzt schreiben alle ganz schnell in die entsprechenden Rubriken auf ihrem Zettel eine Stadt, ein Land, einen Fluss und einen Namen mit dem genannten Buchstaben als Anfangsbuchstaben. Wer zuerst in jeder Rubrik etwas eingetragen hat, schreit ganz schnell und laut „Stopp!"; danach darf nichts mehr aufgeschrieben werden.

Die Spieler lesen nun reihum vor, welche Stadt sie eingetragen haben. Wenn die gleiche Stadt auch noch bei anderen auftaucht, wird sie bei jedem gestrichen. Das Gleiche macht man für Land, Fluss und Name. Zum Schluss bleiben nur wenige Namen übrig, die nur einem in der Runde eingefallen sind. Wer davon die meisten hat, ist Sieger.

Wo soll die Reise hingehen?

Die Basis von Kreativität ist Spontaneität, die Grundlage vieler Spiele. Folgendes Spiel ist eine herrliche Möglichkeit spontan seine Nachbarschaft oder ein fremdes Wohnviertel zu erkunden. Mit einer Gruppe von Kindern macht diese Reise besonders Spaß.

Bevor die Reise losgeht, basteln die Kinder einen Entdeckerhut aus Papier. In einen kleinen Beutel wird der Proviant eingepackt. Sobald man aus der Tür tritt, wirft ein Kind eine Münze in die Luft: Bei Kopf geht es zuerst nach rechts, bei Zahl nach links. Das wiederholt sich bei jeder Kreuzung oder Weggabelung. Alle Beteiligten werden einen Heidenspaß daran finden, nicht zu wissen, wo es langgeht und welche Abenteuer sie erwarten.

Flaschenthermometer

Ohne Aufwand lässt sich mit diesem Versuch das Prinzip eines Thermometers erklären: Zuerst gießt Ihr Kind etwas mit Lebensmittelfarbe gefärbtes Wasser in eine Flasche. Währenddessen bohren Sie ein etwas größeres Loch in den Korken und schieben einen möglichst durchsichtigen Trinkhalm so weit durch den Korken hindurch, dass er in die Flüssigkeit ragt. Lassen Sie Ihr Kind den Korken mit Klebstoff abdichten, und stecken Sie ihn wieder auf den Flaschenhals.

Jetzt ist es soweit: Wenn Ihr Kind die Hände fest um die Flasche legt, steigt das gefärbte Wasser im Röhrchen empor. Der Grund: Die eingeschlossene Luft dehnt sich bei Erwärmung aus und verdrängt dabei Wasser. Das weicht in den Trinkhalm aus und zeigt durch den Stand an, wie sehr sich die Luft erwärmt hat. Der kleine Techniker oder die kleine Technikerin kann an der Flaschenwand mit selbstklebenden Etiketten eine Temperaturskala anbringen.

Große Experimente um die kleine Welt zu entdecken.

Fremdsprachenerwerb

In vielen Bundesländern wird Englisch bereits in der dritten Klasse eingeführt. Lieder singen, Reime aufsagen oder auch die ersten Sätze sprechen geben Vertrauen in die neue Sprache. „Je früher ein Kind mit einer Sprache vertraut gemacht wird, desto leichter tut es sich später mit dem Erwerb einer Fremdsprache", schreibt Xenia Frenkel. Viele Grundschüler können bereits englisch bis zehn zählen, und dank Michael Jackson & Co. Songs fleißig mitsingen.

Die meisten Eltern befürworten das frühe Erlernen der englischen Sprache. Dies belegt eine demoskopische Umfrage. Nach guten Deutschkenntnissen und einer guten Rechtschreibung belegt das Erlernen moderner Sprachen wie Englisch oder Französisch Platz 2 im Ranking, noch vor dem Erwerb der Computerkenntnisse.

Die frühe Vermittlung der englischen Sprache ist der richtige Weg in die Zukunft: Nicht nur weil die Welt immer enger zusammenwächst, sondern weil Kinder sehr früh andere Kulturen über das Abenteuer Sprache vermittelt bekommen.

Kinderreime

Englisch

- Jack and Jill went up the hill
- To fetch a pail of water,
- Jack fell down and broke his crown
- And Jill came tumbling after.
- Up Jack got and home did trot,
- As fast as he could caper,
- He went to bed to mend his head,
- With vinegar and brown paper.

Englisch

- There was an old woman,
- Who lived in a shoe,
- She had so many children,
- She didn't know what to do.
- She gave them some broth
- Without any bread,
- Then whipped them all soundly
- and sent them to bed.

Französisch

- Qu'est-ce que c'est, was ist denn das?
- L'encier, das Tintenfass,
- le boeuf, der Ochs,
- la vache, die Kuh,
- fermez la porte,
- mach's Türchen zu.

8 – 9 Jahre

Emotionale Entwicklung

Freunde und Freundschaften

Die Grundschuljahre sind die Jahre der Freundschaften, auch wenn diese nicht unbedingt „ein Leben lang" halten. Entwicklungspsychologen haben herausgefunden, dass für Vorschulkinder und Kinder bis zum siebten Lebensjahr die Dauer von Freundschaften kaum eine Rolle spielt. Man ist solange mit einem Kind befreundet, solange gemeinsam gespielt wird. Wenn das nicht mehr ist, kann die Freundschaft ebenso schnell aufgekündigt werden.

„Dickste" Freunde fürs Leben?

Schritte der Entwicklung

- Autonomie und Unabhängigkeit stehen besonders hoch im Kurs.
- Achtjährige haben die ersten Geheimnisse.
- Jungen spielen verstärkt mit Jungen, Mädchen mit Mädchen.
- Kinder haben eine angemessene verbale Ausdrucksform für Wut und Schmerz. Blindes Zuschlagen und Brüllen sind nicht mehr altersgemäß.
- Klatschen über Dritte ist angesagt, doch Petzen ist tabu.
- Toleranz, Zivilcourage und Respekt werden entwickelt. Hilfsbereitschaft wird jetzt auch Jüngeren und Unterlegenen, die man nicht mag, entgegengebracht.
- Bereits Achtjährige haben ein gutes Einfühlungsvermögen in die Bedürfnisse und Erwartungen Anderer.

Für Kinder im Grundschulalter geht die Freundschaft jedoch über kurzfristige gemeinsame Aktionen und Interaktionen hinaus. „Für Kinder dieses Alters zeichnet sich die Beziehung zu einem Freund im Gegensatz zu Klassenkameraden durch Kooperation, gegenseitige Hilfe und Teilen aus", so Stiftung Warentest.

Die „gegenseitige Hilfe" kann auch darin bestehen, dass Kinder, die sich in der Klassengemeinschaft als Außenseiter wahrnehmen oder von den Mitschülern als Außenseiter behandelt werden, sich gegenseitig stützen. Die Peer Groups, der soziologische Ausdruck für Bezugsgruppen, werden für die Kinder immer wichtiger. Es sind nicht mehr die Eltern, an denen sich orientiert wird, sondern Alterskameraden des gleichen Geschlechts.

Letzteres hängt mit der sich neu entwickelnden Geschlechtskonstanz zusammen. Ein starkes Scham- und Peinlichkeitsgefühl setzt ein. Die eigene Identität wird über das gleiche Geschlecht gefunden und definiert. Sexistische Ausdrücke, meistens von Jungen, setzen Grenzen zum anderen Geschlecht. Während Jungenfreund-

Die Kunst der Freundschaft. *Gute Freundschaften aufzubauen und zu erhalten gehört zu den wesentlichen Fähigkeiten unseres Lebens. Neben dem guten Vorbild, das Eltern in Bezug auf Freundschaften sein sollten, noch ein paar andere Tipps, wie Sie Ihrem Kind den Wert von Freundschaften nahe bringen:*

- ***Reden Sie oft mit Ihrem Kind*** *über Freunde.*
- ***Heißen Sie die Freunde Ihres*** *Kindes willkommen.*
- ***Helfen Sie Ihrem Kind dabei sich*** *zu artikulieren, welche Bedeutung die Freunde für Ihr Kind haben.*
- ***Laden Sie Freunde zu Familien-*** *ausflügen, zum Kindergeburtstag oder zu einem Spielabend ein.*
- ***Gesellschaftsspiele helfen Ihrem*** *Kind, wichtige Fähigkeiten im Umgang mit seinen Mitmenschen zu erlernen.*
- ***Erzählen Sie, welche Gefühle der*** *Zuneigung Sie für bestimmte Menschen empfinden. Wie Sie sich in Notlagen helfen konnten und wie viel Spaß Sie miteinander hatten.*
- ***Seien Sie bei Konflikten erst mal*** *neutral. Klären Sie gemeinsam die Ursache des Streits und geben Sie Ratschläge, wie man sich wieder friedlich einigt.*

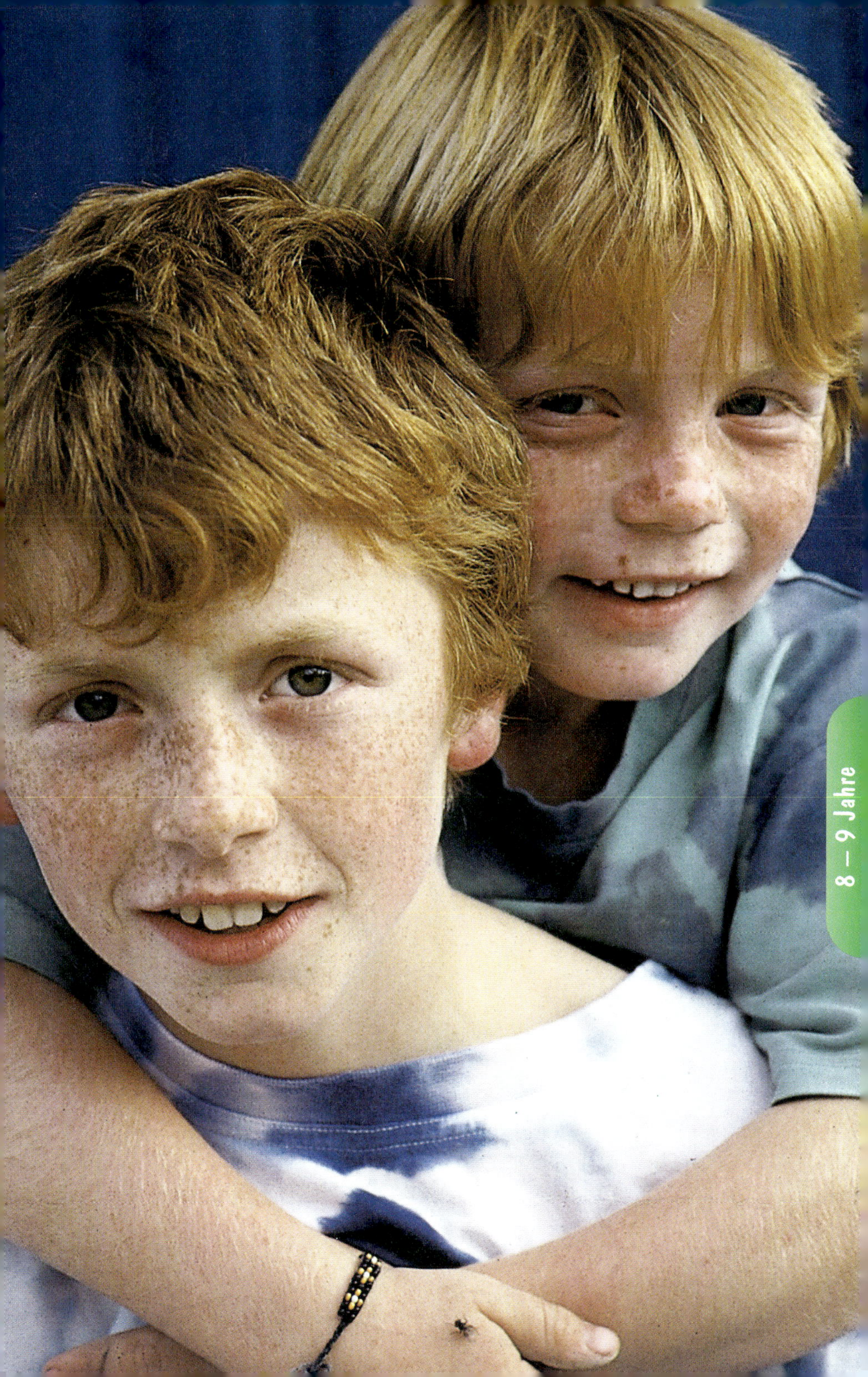

schaften mehr auf gemeinsamen Aktivitäten basieren, ist für Mädchenfreundschaften eher das Sprechen über sich und andere wichtig. Auch, weil Mädchen hinsichtlich ihres Spracherwerbs und Ausdrucksvermögens einen Entwicklungsvorsprung haben.

Sowohl für Jungen als auch für Mädchen ist gegenseitiges Vertrauen die Grundlage der Freundschaft „und ein Vertrauensbruch ist ein schlimmes Verbrechen“, so Stiftung Warentest. Sie tauschen Geheimnisse miteinander aus und neigen zu starkem Klatsch über Dritte. Warum? – Weil das Vertrauen umso größer ist, je schlechter man über jemand anderen spricht.

Für Achtjährige ist das gleichbedeutend mit Nähe und Verbundenheit und der erste Schritt in die Autonomie der eigenen Gefühls- und Gedankenwelt, fern von der Familie. Neben den Freunden gewinnen die gleichaltrigen Mitschüler immer mehr an Bedeutung: Sie sind es, an denen sich Ihr Kind beginnt zu orientieren, denn soziales Verhalten wird unter Gleichaltrigen erprobt und gelernt.

➡ ***Wechselnde Freunde.*** *Freunde sind wichtig und Ihr Kind lernt frühzeitig, was es heißt, seine beste Freundin oder seinen besten Freund zu verlieren. Dies kann geschehen durch:*

- ***Umzug und/oder Schulwechsel;***
- ***weil die Interessen sich verän**dern;*
- ***weil die Entwicklung unter**schiedlich verläuft: ein Mädchen kommt früher in die Pubertät;*
- ***weil eine dritte Person auftaucht*** *und die intimen Bande „zerstört“;*
- ***schlimmstenfalls, weil die Eltern*** *den Umgang mit einem anderen Kind verbieten.*

➡ ***Der Verlust*** *einer Freundschaft ist auch für Achtjährige eine schmerzhafte Erfahrung. Sie reagieren mit Verlassenheit, Trauer, Verlust, aber auch Neid, Eifersucht und Kränkung. Nehmen Sie die Gefühle Ihres Kindes ernst und helfen Sie diesem, Freundschaftsverluste zu verarbeiten.*

Medien – Die geheimen Miterzieher

Wer heute von Erziehung spricht, kommt nicht umhin, sich mit den geheimen Miterziehern, der Medien- und Konsumgüterindustrie kritisch auseinander zu setzen. Diese haben eine Macht über die Entwicklung von Kindern übernommen, die in der Kulturgeschichte ihresgleichen sucht. Bereits Achtjährige haben ein TV-Gerät, einen PC oder zumindest die kleinere Variante – den Gameboy im Kinderzimmer stehen.

Auf der einen Seite sind Eltern – und mit ihnen Pädagogen und Psychologen – beunruhigt, weil sie nicht wissen, auf welche Weise der PC, die Playstations oder andere multimediale Einrichtungen – vor allem das Internet – die Kinder verändern wird.

Auf der anderen Seite, so haben z. B. Umfragen vom Allensbach Institut für Demoskopie ergeben, sind viele Eltern der Meinung, dass es Aufgabe der Schule sei, ihren Kindern den Umgang mit PC und Internet zu vermitteln.

Die Sorge der Eltern: Nur wer früh mit der Technik der neuen Medien

Abgeschossen. Gameboy & Co. sind die geheimen Erzieher.

→ ***Eigene Kenntnisse.** Als erstes dürfen Sie alles, was mit Computer und Internet zu tun hat, nicht ausschließlich Ihrem Kind überlassen. Lernen Sie selbst damit umzugehen, dadurch verschaffen Sie sich einen Überblick.*

→ ***Eigene Meinung.** Setzen Sie sich dennoch kritisch mit der neuen Informationstechnologie auseinander – und überlassen dies nicht der Schule, anderen Einrichtungen oder so genannten „Experten“.*

→ ***Keine Panik.** Überbewerten Sie auch nicht die neue Informations-*

vertraut gemacht wird, hat in der Zukunft eine Chance auf dem Arbeitsmarkt, da in sämtlichen Berufssparten, selbst in den Handwerksbetrieben, die elektronische Datenverarbeitung Einzug gehalten hat.

Der Gameboy des Spielriesen Nintendo ist ein drastisches Beispiel, wie bereits Kinder in jungen Jahren mit Hilfe unterschiedlicher Medien von der Konsumgüterindustrie gesteuert werden. Nur mit der aktuellen Gameboy-Edition lassen sich die 150 verschiedenen Figuren rund um die zur Zeit aktuelle Pokémon-Welt sammeln und tauschen.

Um die Sammelleidenschaft der Kinder auch so richtig anzuheizen, gibt es deshalb Pokémon als Sticker, Postkarte und Plüschtier. Sein Konterfei lacht von T-Shirts, Schuhen und Geschirr und sein Name darf auch auf einem Schulranzen nicht fehlen. Pokémon ist Kinostar, Held der gleichnamigen Fernsehserie, gleichfalls im Internet zu bewundern. Viele Eltern sind fassungslos, nicht nur ob der Sammelleidenschaft ihrer Kinder, sondern auch, weil das gesamte Taschengeld für Pokémon & Co. draufgeht.

technologie hinsichtlich zukünftiger Arbeitsmarktchancen. Programmieren zu können und/oder bei einer Internet-Firma zu arbeiten taugt nicht als Zukunftsentwurf für eine ganze Generation.

Selbstwert stärken! *Bereits Grundschulkinder sammeln nicht mehr aus Freude, sondern weil sie ein Trendobjekt besitzen wollen. Dieses wird zum Statussymbol und bestimmt bei den Mitschülern die Gruppenzugehörigkeit: Man hat es und ist „in“ oder man hat es nicht und ist gleich „out“. Stärken Sie das Selbstwertgefühl Ihres Kindes, indem Sie ihm erklären und vorleben, dass das Haben eines Objektes nicht über den Wert eines Menschen entscheidet. Stärken Sie ebenso seine Entscheidungsfähigkeit. Kinder mit einem guten Selbstwertgefühl hören auf ihre Stimme und nicht darauf, was andere ihnen sagen oder vormachen. Das heißt nicht, dass Ihr Kind sich als Außenseiter positionieren soll. Aber es muss halt nicht jeden Quatsch mitmachen, den andere ihm vorleben – und vor allem, hinter dem es selbst gar nicht so hundertprozentig steht, nur weil es „trendy“ ist.*

Bereits 1982 hat Neil Postman, Professor für Medienwissenschaften, das „Verschwinden der Kindheit“ durch die elektronischen Medien thematisiert. Postmans Kritik gilt hierbei nicht den Medien an sich, sondern dem Bündnis von Kommerz, Ideologie und Gedankenlosigkeit gegen die Ansprüche der Kinder auf eine eigene, freie Lebenszeit: „auf die Kindheit nicht als biologische, sondern vielmehr als kulturelle Erfahrung“.

Kulturell – und damit geistig, körperlich und emotional – können sich Kinder jedoch nur dann erfahren, wenn ihnen der Raum mit den entsprechenden Entfaltungsmöglichkeiten in der realen Welt geboten wird. Es geht hierbei nicht darum, den Computer, den Gameboy oder das Fernsehen zu verbieten. Diese sind Bestandteile der heutigen Kultur und verlangen nach einer kritischen Auseinandersetzung. Es dürfen jedoch nicht die Relationen vollkommen durcheinander geraten, indem das Kind sich vorwiegend per „Mausklick“ bewegt und mehr in der virtuellen Welt als in der realen „zuhause“ ist.

Auch die wissenschaftliche Forschung kann bis jetzt noch keine

➡ ***Virtuelle Welt.*** *Nicht wenige Medienpädagogen und Psychologen führen an, dass Computer- oder Gameboyspiele die Hand- und Augen-Koordination von Kindern – und somit die kognitive Entwicklung – fördern. Ebenso seien diese Spiele im Gegensatz zum passiven Fernsehen interaktiv, d. h. Ihr Kind wird aufgefordert, etwas inter-aktives zu tun. Lassen Sie sich von solchen Äußerungen nicht zu sehr beeinflussen!*

➡ ***Kein Ersatz zum Toben.*** *Alle Kinder haben ein Urbedürfnis, ihren Erfindungsgeist in der realen Welt auszuleben wie z. B. beim Versteck- oder Räuber- und Gendarmspiel. Da viele Kinder diesen Bedürfnissen selbst in ihrer Freizeit nicht mehr nachkommen können, driften sie immer mehr in die Scheinwelt der Computerspiele oder des Fernsehens ab. Statt selbst über einen Baum, Strauch oder Bach zu springen, nimmt „Super Mario“ diese Hürden für das Kind. Und irgendwann kann Ihr Kind überhaupt nicht mehr zwischen Schein und Sein unterscheiden. Dagegen müssen, und dagegen können Sie etwas tun: Ihrem Kind genügend freie Zeit fürs Spielen und Toben geben. – Und im Urlaub wird der Gameboy zu Hause gelassen!*

allgemein verbindlichen Erkenntnisse über Nutzen oder Schaden bezüglich Online und Computer beisteuern. Was jedoch bekannt ist, sind die Auswirkungen von exzessivem und unkritischem Fernsehkonsum.

Fernsehen und Video

Eine Familie besteht aus Vater, Mutter, einem oder mehreren Kindern und einem Fernsehapparat! „In vielen Familien", führt Stiftung Warentest an, „ist er sogar zum wichtigsten Familienmitglied geworden. Er gibt den Zeitplan für die Familie vor, setzt Termine fürs Weggehen und Heimkommen und bestimmt auch die Themen, über die sich die Familienmitglieder austauschen, streiten, vertragen oder versöhnen (...)". Der Fernseher ersetzt Familienausflüge, Spielabende oder den Babysitter. Und wenn mal nichts im Fernsehen läuft, werden Videos geschaut.

Im Durchschnitt sehen Achtjährige bereits zwischen zwei und vier Stunden fern. Täglich! Etwa 35 Prozent der Sechs- bis Achtjährigen sind bereits Vielseher. Exzessivseher, das sind Kinder, die bis zu 40 Stunden in der Woche

Fernsehen...

...will gelernt sein!

- Achtjährige brauchen keinen eigenen Fernseher, auch wenn es „nur" das alte Modell ist, was man sonst wegschmeißen würde.
- Wählen Sie gemeinsam mit Ihrem Kind aus einer Programmzeitschrift die kindgerechten Sendungen aus, die es sehen möchte und darf.
- Limitieren Sie das Fernsehen auf zwei- bis dreimal pro Woche. Genügend sind zwei Kindersendungen und ein Film mit Ihnen zusammen.
- Schauen Sie die Sendungen gemeinsam an und helfen Sie Ihrem Kind, zwischen Filmrealität und dem wirklichen Leben zu unterscheiden. Das gilt auch für Kinobesuche!
- Sprechen Sie mit Ihrem Kind über die Inhalte des Films. Darüber, was es besonders toll, aber auch besonders beängstigend fand.

vor der Glotze sitzen, machen schon 20 Prozent dieser Altersgruppe aus. Schöne neue Fernsehwelt? Neben den negativen Auswirkungen zu starken Fernsehkonsums kommt ein Weiteres hinzu: der Fernseher wird zum eigentlichen Erzieher der Kinder.

Folgen sind:
Achtjährige spielen weniger, lesen weniger, treiben weniger Sport und verabreden sich weniger.
Sie werden inaktiv, schlaff und leiden an Übergewicht mangels Bewegung.
Die „Berieselung" durch Fernsehen und Video führt zu Konzentrationsschwächen und das Leistungsniveau sinkt in der Schule.

Langzeitstudien haben ebenso ergeben, dass es einen signifikanten Zusammenhang zwischen Fernsehkonsum und aggressivem Verhalten gibt. Die Öffentlichkeit ist zwar immer aufgeschreckt, wenn Horrormeldungen über Grundschüler erscheinen, die ihre Lehrer und Schulkameraden bedroht haben, aber die Diskussion geht häufig am eigentlichen Problem vorbei. Die Frage ist nämlich, wie es möglich ist, dass bereits Kinder Horror- und Gewalt- oder Erwachsenenfilme sehen dürfen.

Spieglein, Spieglein ...

Ihr Fernsehverhalten überträgt sich automatisch auf Ihr Kind. Wenn Sie zur Entspannung fernsehen, lernt Ihr Kind das Verhaltensmuster Entspannung = Fernsehen. Somit fängt der verantwortungsvolle Umgang mit dem Medium Fernsehen bei Ihnen an. Beobachten Sie also Ihr eigenes Fernsehverhalten:

- Wann schalten Sie das Gerät an? Gibt es Sendungen, die Sie regelmäßig sehen, wenn ja, welche?
- Wie viele Stunden schauen Sie pro Tag/wöchentlich TV?
- Nutzen Sie das Fernsehprogramm zur Entspannung nach einem wirklich anstrengenden Tag?
- Dient Ihnen der Fernseher als Geräuschkulisse bei Hausarbeiten wie bügeln oder aufräumen?
- Lassen Sie Ihr Kind öfter einmal fernsehen, um einfach Ihre „Ruhe" zu haben?
- Ersetzt der Fernseher bei Ihnen den Babysitter, wenn Sie mal weggehen wollen?

9 bis 10 Jahre

Abenteuer Welt

Die Mitte der Kindheit wird auch die „Goldenen Jahre“ genannt. Kinder ziehen buchstäblich in die Welt hinaus. Sie sind taten- und wissensdurstig und erweitern täglich ihre Interessen. Die Außenwelt fängt das Kind nicht auf, umso wichtiger ist deshalb der Schutz, den die Familie dem Kind geben kann und muss. Unsere Welt war bedauerlicherweise noch zu keiner Zeit auf die besonderen Bedürfnisse von Kindern ausgerichtet. Vertrauen, Sicherheit und Geborgenheit sind die unsichtbaren Größen, auf die sich das Kind in seiner Familie immer wieder zurückziehen kann, um in aller Ruhe die „Welt-da-draußen“ zu verarbeiten.

adidas
adidas
adidas

Körperliche Entwicklung

Sexuelle Entwicklung

Bereits mit sieben, acht Jahren beginnt der Körper Ihres Kindes mit der Produktion jener Hormone, die die sexuelle Reifung in Gang setzen. Bei Mädchen kommt es im Durchschnitt zwischen neun und elf Jahren zu einer beträchtlichen Steigerung der Östrogenbildung in den Eierstöcken, während bei Jungen meist zwischen zwölf und vierzehn Jahren in den Hoden vermehrt die Androgene gebildet werden.

Jeunesse doreé. Mädchen vor der Pubertät.

Schritte der Entwicklung

- Die Mädchen schießen 12 bis 15 Zentimeter in die Höhe. Erste Anzeichen der Pubertät stellen sich ein: Rundungen im Brustbereich, Scham- und Achselhaar und heller, wässriger Ausfluss.
- Bei Jungen geht das Wachstum langsamer vor sich. Erst Ende des 11. Lebensjahres beginnen sie dann kräftig zu wachsen.
- Neunjährige können eine Kletterstange/-Seil hinauf und hinunter klettern, über Schwebebalken balancieren und beherrschen die Vorwärts- und Rückwärtsrolle auf Boden und an Stange.
- Die Ausdauer steigt weiter: 10-15 Minuten werden durchgeschwommen und Radtouren und Wanderungen in gemäßigtem Tempo bis zu 4 Stunden durchgehalten.
- 1 000 Meter werden in sechs Minuten gelaufen, Bälle jongliert und handwerkliche Fähigkeiten entwickelt. Es fährt sicher Rad, Inlineskates und Skateboards.

„Viele Eltern“, so Stiftung Warentest, „bemerken schon recht früh – vor allem bei ihren Töchtern mit acht, neun Jahren – diese ersten Anzeichen der einsetzenden hormonellen Veränderungen in einem veränderten Verhalten. Viele Mädchen zeigen eine verstärkte Kränkbarkeit, sind einerseits abwesend, andererseits besonders anlehnungsbedürftig und vor allem oft völlig unvorhersehbar in ihren Reaktionen auf alltägliche Ereignisse“. Eine neue Erfahrung gilt es zu verarbeiten: Hormone.

Latenzphase

Ausgehend von der Triebtheorie Sigmund Freuds nahm man lange Zeit an, dass Sexualität „kein Thema“ für Kinder im Alter zwischen sechs und zehn Jahren sei. Diese Zeit der kindlichen Entwicklung wird auch heute noch „Latenzphase“ genannt. Sie ist die Periode, „die sich vom Untergang der infantilen Sexualität im fünften oder sechsten Jahr bis zum Beginn der Pubertät erstreckt und eine Zeit des Stillstands in der Sexualentwicklung kennzeichnet”, erklärt die Psychoanalytische Theorie.

➡ ***Nachsicht und Geduld.*** *Begegnen Sie Ihrer Tochter mit viel Verständnis. Erklären Sie ihr die körperlichen Veränderungen, doch respektieren Sie ebenso, wenn Ihre Tochter „davon“ noch nichts wissen will. Ein schön geschriebenes Aufklärungsbuch rund ums Kuscheln, Vertrauen und Liebhaben ist für Ihr Kind vielleicht leichter anzunehmen. Wichtig ist, dass sich Ihr Kind mit all seinen Launen nicht abgelehnt fühlt. Ihre Tochter kommt mit ihrem komplizierten Verhalten noch weniger zurecht als Sie.*

➡ ***Sex-Witze.*** *Eine „Spezialität“ von Kindern dieses Alters ist es, „schmutzige“ Witze oder sexuell-diskriminierend gefärbte Schimpfworte zu gebrauchen. Die meisten Eltern reagieren mit Entsetzen, wenn nicht gar mit dem Verbot, „dieses Wort“ jemals wieder zu gebrauchen. Statt Betroffenheit und Restriktionen sollten Sie Ihrem Kind in ruhigem, aber bestimmten Ton erklären, warum sie diese Art von Witz oder Kraftausdruck nicht mögen. Für Kinder ist es schwierig, ihre „schmutzigen“ Witze und die Vorstellung einer Liebesbeziehung miteinander in*

Diese Annahme entstammt einer Zeit der allgemeinen sexuellen Tabus, als Frauen jegliche Gefühlserregung beim Sexualakt abgesprochen wurde, und diese den Mann grundlegend um eines beneideten: seinen Penis.

Auch Grundschulkinder zeigen Neugier und Interessen, die unschwer als „sexuell“ erkannt werden können. Allerdings unterscheidet sich die Art und Weise, wie Jungen und Mädchen miteinander umgehen, grundlegend von denen der Vorschulkinder und der Teenies: sexuelle Tabus werden akzeptiert und das Scham- und Peinlichkeitsgefühl ist äußerst ausgeprägt. Trennung nach Geschlechtern heißt es beim Sportunterricht oder in der Umkleidekabine!

Sexualerziehung

Viele Eltern tun sich schwer mit der Frage, wann der „richtige“ Zeitpunkt ist, ihr Kind aufzuklären. Im Grundschulalter wollen Kinder vor allem eines: Fakten. Mit der emotionalen Seite, den Gefühlen, können Kinder in dieser Phase noch nichts anfangen. Im Sachkundeunterricht der dritten Klasse erfahren Kinder das erste

Einklang zu bringen. Unabhängig davon, möchte Ihr Kind manchmal auch nur eines: provozieren. Lassen Sie es „auflaufen“, dann wird es schnell langweilig.

Auch aus Zeitschriften werden Infos über „Sexthemen“ gezogen.

→ ***Nichts aufdrängen.*** ***Die Einstellung*** *eines Menschen zur Sexualität hängt immer auch mit seiner seelischen Reife und Selbstachtung zusammen. Um Ihr Kind entwicklungsgerecht aufzuklären, sollten Sie sich an die Bereitschaft Ihres Kindes anpassen und sich mit der Aufklärung nicht auf ein bestimmtes Alter festlegen.*

Mal etwas über Mann und Frau und wie ein Baby entsteht.

Spätestens zu diesem Zeitpunkt sollten Sie den ersten „Versuch“ einer Aufklärung wagen. – Denn Eltern sind am besten geeignet, ihre Kinder den Umgang mit Sexualität zu lehren. – „Sie sind die ersten, die mit den Fragen des Kindes konfrontiert werden, die aus ganz natürlichen Situationen erwachsen sind“, so Paul Lewis.

Obwohl Kinder heute alles zu wissen scheinen, herrscht in ihren Köpfen und dem, was sie sich unter Sexualität vorstellen, ein großes Durcheinander. Dieses wird durch die Art, wie in unserer Kultur mit Sexualität umgegangen wird, weiter verstärkt. Ihr Kind aufklären heißt somit auch zu fragen, was Ihr Kind über Sex und Intimität in unserer Gesellschaft lernt.

Mit neun, zehn Jahren sollten Jungen und Mädchen über die kommenden Veränderungen in und an ihrem Körper Bescheid wissen. Über Menstruation, Erektion, Samenerguss und Selbstbefriedigung.

➡ ***Gesundes Klima.*** *Im Allgemeinen hängt der Umgang Ihres Kindes mit Sexualität von seinen Erfahrungen mit dem Leben und der Liebe ab. Kinder, die in einem emotional-unterstützenden Familienklima aufwachsen, erfahren, dass seelische Vertrautheit und emotionale Betroffenheit nicht gefürchtet werden müssen.*

➡ ***„Ja“ zum Körper.*** *Unsere Kultur pendelt zwischen Körperfeindlichkeit und Körperkult hin und her. Das Schönheitsideal der schlanken Frau findet seine Entsprechung im Schönheitsideal des großen, leicht muskulösen Mannes. Im Fitness-Studio wird sich gestählt, am Familientisch gehungert – und viele Mädchen sind bereits mit neun, zehn Jahren magersüchtig. Eine gesunde Einstellung zur Sexualität resultiert auch aus einer gesunden Einstellung zu seinem Körper: sich und seinen Körper mögen. – Jenseits der Schönheitsideale, die heute unisono vermittelt werden und denen sich auch viele Eltern nicht entziehen können – oder wollen.*

Wegweiser Pubertät

„Als eigentliche Pubertät bezeichnet man die Entwicklungsphase, die mit dem ersten Auftreten sichtbarer Pubertätsmerkmale, meist der Scham- und Achselbehaarung, beginnt und etwa fünf Jahre später mit der Ausbildung der vollen Geschlechtsreife endet.

Gerade bei der Pubertätsentwicklung erleben Jugendliche in Bezug auf den Zeitraum große individuelle Unterschiede: In Europa liegt der Beginn der Pubertät für Mädchen zwischen acht und vierzehn, für Jungen zwischen neun und fünfzehn Jahren. Es herrscht aber eine strikte Gesetzmäßigkeit, was den Ablauf im Einzelnen betrifft.

Der „richtige Zeitraum“

Alle Kinder und Jugendliche haben dabei einen strengen Begriff von „Normalität“ hinsichtlich der Entwicklung ihres Körpers: Jedes Mädchen hat ein inneres Modell über das „richtige“ Alter, in dem sich z. B. die Brust entwickelt oder es zum ersten Mal ihre Tage bekommt. Und auch jeder Junge misst sich an seinem inneren Bild darüber, was „normal“ ist, eine tiefe Stimme oder einen Bart zu bekommen.

In Europa und Amerika – so haben die Befragungen ergeben – halten die meisten Kinder und Jugendlichen die Entwicklung der sichtbaren Geschlechtsmerkmale wie Brust- oder Bartwuchs in der Zeit zwischen zwölf und vierzehn Jahren für normal und messen sich daran. „Frühe“ Jungs und der Durchschnitt der Mädchen halten sich also für richtig und werden von Gleichaltrigen für „richtig“ gehalten.

Unter psychologischem Aspekt bedeutet dies, dass diejenigen, die zu früh oder zu spät sind – gemessen an ihrem eigenen Modell von Normalität –, oft ein geringeres Selbstwertgefühl zeigen und manchmal auch unter Freunden oder Freundinnen weniger gelten. Auch Mädchen, die „zu früh“ sind, also schon in der Grundschulzeit die ersten Anzeichen eines Busens oder „ihre Tage“ bekommen, leiden oft sehr darunter, da sie ihrem eigenen Bild von richtig und normal nicht entsprechen“ (Quelle: Stiftung Warentest).

Eltern sind keine geschlechtslosen Wesen

Heute haben die meisten Frauen Spaß am Sex und nehmen sich selbstbewusst ihren Teil vom erotischen Kuchen. Zumindest in den ersten Jahren einer Beziehung. Aber dann? Kindererziehung, der Wiedereinstieg in den Beruf, Hausbau und wirtschaftliche Sicherheit. Die fleißigen Paare haben sich liebevoll um ihre Kinder gekümmert und ein schönes Umfeld geschaffen, dabei aber die eigenen Bedürfnisse zurückgestellt. – Und damit oft auch die Lust an der Sexualität verloren, zumindest ein Partner.

„Und was hat das mit meinem Kind zu tun?", mögen jetzt einige fragen. Ganz einfach: Ihr Kind wird zuerst von Ihnen aufgeklärt. Es ist Ihre Einstellung und Ihr Umgang mit Sexualität, Liebe und Nähe, die Ihr Kind bewusst und unbewusst prägen. Neben den rein biologischen Vorgängen gilt es die Sexualität in einer Partnerschaft als das zu vermitteln, was es neben der Fortpflanzung ist: das menschliche Lebenselixier schlechthin – oder hat Ihnen der Klapperstorch Ihr Kind vor die Tür gelegt?

➡ ***Unbewusste Übertragung.*** ***Wenn*** *Ihr Kind eine gesunde Einstellung zu seiner Sexualität erhalten soll, müssen Sie sich Ihrer eigenen Sexualität bewusst werden. Wie leben Sie Ihre Sexualität? Tauschen Sie Zärtlichkeiten wie den Partner in den Arm nehmen, Händchen halten oder indem Sie sich küssen? Gestatten Sie sich Ihre Fantasien und Wünsche oder unterdrücken Sie Ihre Bedürfnisse?*

Diese und noch viel mehr Fragen *sollten Sie mit Ihrem Partner klären. Auch wenn Ihr Kind in einer Scham- und Peinlichkeitsphase ist, dürfen Sie dennoch niemals den Grad des unbewussten Verstehens Ihres Kindes unterschätzen. Es versteht sehr wohl den Unterschied zwischen dem, was Eltern ihm sagen und dem, was Eltern ihm vorleben. Es hat dann Probleme zu erkennen, was „ja" und „nein", "wahr und "unwahr" ist, wenn Sie Ihrem Kind unterschiedliche, also keine klaren Botschaften vermitteln.*

Geistige Entwicklung

Aufmerksamkeit und Konzentration

In den ersten zwei Grundschuljahren wird Wert darauf gelegt, die Freude am Lernen zu fördern. In den letzten Grundschuljahren geht es darum, dass das Kind auch lernt, seine Zeit richtig einzuteilen, Prioritäten zu durchdenken und Ziele zu setzen.

Ganz bei der Sache sein, sich auf eine Beschäftigung zu konzentrieren, fällt heute vielen Kindern schwer. Während in den ersten

➡ ***Beim Denken helfen.*** *Helfen Sie Ihrem Kind, Prioritäten zu durchdenken und sich Ziele zu setzen. Wichtig ist hierbei, dass Ihr Kind die an sich gestellte Aufgabe für sinnvoll hält. Es braucht Erklärungen, die es konkret verstehen und umsetzen kann.*

➡ ***Nicht verzetteln!*** *Viele Kinder sind heute dauerbeschäftigt: mit Schule, Sport- und Musikunterricht und sonstigen Förderprogrammen.*

Schritte der Entwicklung

- Ausgeprägter Wissensdurst und großes Interesse an naturwissenschaftlichen Themen.
- Gute bis sehr gute Lernmotivation. Die Kinder suchen eigenständige Problemlösungen.
- Komplexere Darstellungen werden verstanden, die dann auch korrekt mündlich und schriftlich wiedergegeben werden können.
- Es entwickelt strategisches Denken und Geschick.
- Es beherrscht die monologische Höhepunkt-Erzählung und die Grundrechenarten.
- Es kann ohne Unterbrechung eine Stunde selbstständig und konzentriert arbeiten wie Hausaufgaben machen, musizieren, lesen oder basteln.
- Der Zeitpunkt ist gut, um mit Fremdsprachen, Sport, einem Instrument oder einem Töpferkurs zu beginnen.

beiden Jahren noch gern Hausaufgaben gemacht wurden, ebbt das Interesse jetzt allmählich ab: „Kein-Bock-auf-die Schule" hört man bereits von Neunjährigen.

Bei mangelnder Konzentrationsfähigkeit im Unterricht sind Leistungsabfall und Misserfolge die Konsequenz. Oft gibt es dann Druck von den Lehrern durch Maßregelungen und schlechte Noten und von den Eltern mit Unverständnis, Nachhilfestunden und Zeitmanagement-Plänen. Und immer häufiger wird konzentrationsschwachen Kindern das Antidepressivum Ritalin verschrieben – mit seinen Nebenwirkungen wie Appetitminderung und Schlafstörungen. Keines der Mittel hilft, solange nicht nach der Ursache gefragt, sondern nur das Symptom Konzentrationsschwäche „behandelt" wird.

Konzentrationsmangel ist ein Zeichen unserer Zeit und „Heerscharen von Wissenschaftlern sind heute auf der Suche nach der verlorenen Konzentration, der ADD („attention deficit disorder"). Als gelte es, den Schlüssel zur Leistungsfähigkeit in künftigen Wissensgesellschaften zu finden", kritisiert die Journalistin Elisabeth

Weniger ist auch bei Kindern oft mehr: Achten Sie darauf, dass die Energie und Begeisterung Ihres Kindes nicht von zu vielen Dingen in Anspruch genommen wird.

➡ ***Keine Medizin. Hände weg von*** *Medikamenten und Vitaminpräparaten! Es ist erschreckend, wie viele Kinder heutzutage mit Arzneimitteln und homöopathischen Mitteln von ihren Eltern „behandelt" werden. Der kindliche Organismus reagiert vollkommen anders als der erwachsene Körper. Bestimmte Vitamine, die für Erwachsene ungefährlich sind, können zu schweren körperlichen Schäden bei Kindern führen.*

In der Ruhe liegt die Kraft. Konzentrationsübungen helfen, ruhig zu werden.

von Tadden, selber Mutter von zwei Kindern. Dabei scheiden sich die Geister der Neurowissenschaftler, Psychologen und Psychiater bei der Definition, was unter Konzentration überhaupt zu verstehen ist und was dabei im menschlichen Gehirn vor sich geht.

Die Erscheinungsformen der Konzentration sind vielfältig und nicht nur für die Bewältigung von Schulaufgaben und Wissenserwerb vonnöten. Auf das piepsende Pokémon-Spiel kann ein Kind sich ebenso konzentrieren wie auf das Balancieren auf einer Mauer, beim Erlernen von Noten oder bei der Reparatur seines Fahrrads. „Geistesabwesenheit und Geistesgegenwart gleichen einander im Zustand der Konzentration. Manch einer kann sich ausschließlich konzentrieren, während er sich in der Nase bohrt oder auf und ab geht; ein anderer nur, nachdem er zehn Minuten lang geruht und sich physisch entspannt hat“, schreibt von Tadden.

Was allein schon körperliche Entspannung vermag, zeigte ein Schulversuch in Frankfurt: An einer Grundschule, an der Unfälle, Unausgeglichenheit und Aggressivität ein beunruhigendes Ausmaß

Tipps zur Konzentration

Setzen Sie sich dafür ein, dass Ihr Kind in der Schule viel Sportunterricht erhält. Judo und Karate z. B. stärken die Konzentration und fördern die Selbstkontrolle.

Helfen Sie Ihrem Kind organisiert zu lernen: Zeitpläne machen den Tag übersichtlich, Farbstifte heben das Wichtigste hervor. Ein geregelter, mit Ritualen strukturierter Tagesablauf entlastet. – Und lassen Sie Ihrem Kind noch genügend Raum für freies Spielen.

Spielen Sie mit Ihrem Kind, für eine bestimmte Zeit gezielt und begrenzt, etwas wahrzunehmen: etwa alle roten Gegenstände auf einem Spaziergang oder die Gerüche in der Wohnung.

Übertragen Sie Ihrem Kind Aufgaben, denen es gewachsen und für die es zuständig ist: eine Pflanze pflegen, den Müll runterbringen oder den Tisch an bestimmten Tagen zu decken.

hatten, wurde eine tägliche Sportstunde eingeführt. Nicht nur die Zahl der Unfälle ging erheblich zurück. Die Lehrer vermerkten überdies, dass die Kinder sich besser konzentrieren konnten.

Weitere Entspannungskiller für Kinder sind zu hohe Erwartungen und eine früh einsetzende leistungsorientierte Förderung der Eltern. Damit sind viele Kinder schlicht und ergreifend überfordert. Sie haben Angst zu versagen, verkrampfen sich innerlich und können sich nicht mehr konzentrieren.

Wer die Konzentration von Kindern stärken will, muss ihnen als Person und nicht als Leistungsträger begegnen. Thomas Armstongs Buch „The Myth of The ADD Child" („Der Mythos vom unkonzentrierten Kind") macht in den USA Furore: Seine Ratschläge im Kern:
„Setzt alle Mittel in Gang, den Selbstwert und die Selbsterkenntnis des Kindes zu stärken, auf dass es sich stark genug fühle, die Sinne zu öffnen und dem Reizansturm der Welt dennoch gewachsen zu sein."

ZEN-Weisheit

Eines Tages bat ein Mann den ZEN-Meister Ikkyû, ihm einige Grundregeln höchster Weisheit aufzuschreiben. Ikkyû griff zum Pinsel und schrieb: „Aufmerksamkeit". „Ist das alles", fragte der Mann. „Wollt Ihr nicht noch etwas hinzufügen?"

Ikkyû schrieb daraufhin zweimal hintereinander: „Aufmerksamkeit, Aufmerksamkeit." „Nun", meinte der Mann ziemlich enttäuscht, „ich sehe wirklich nicht viel Tiefes oder Geistreiches in dem, was Ihr da geschrieben habt." Daraufhin notierte Ikkyû das gleiche Wort dreimal hintereinander.

„Aufmerksamkeit. Aufmerksamkeit. Aufmerksamkeit." Verärgert fragte der Mann: „Was bedeutet dieses Wort überhaupt?" Ikkyû antwortete sanft: „Aufmerksamkeit bedeutet Aufmerksamkeit".

Philip Kapleau

Übertritt nach Noten

Viele Grundschüler der vierten Klasse schlagen sich wochen- und monatelang mit einer belastenden Frage herum: Schaffen sie den Übertritt auf das Gymnasium oder die Realschule, oder nicht? Das Halbjahreszeugnis gibt erste Auskünfte. Bereits ein Notendurchschnitt, der schlechter ist als 2,5, verwehrt in vielen Bundesländern den Einzug in das Gymnasium. In Bayern ist dieser Schnitt sogar Voraussetzung für den Übertritt in die Realschule.

Versagensängste sind somit vorprogrammiert. Dazu kommt die Angst, Freunde zu verlieren, da sie ein besseres Zeugnis haben und künftig eine andere Schule besuchen werden. „Wir sind eine Leistungsgesellschaft. Das geht auch an den Zehnjährigen nicht spurlos vorbei", sagt der Entwicklungspsychologe Ulrich Diekmeyer. „Erfolg in der Schule steht für Kinder heute viel mehr im Blickpunkt als in früheren Zeiten, wo automatisch der Stärkste und Lauteste auch der Anführer war.

Heute sind es gerade in der Grundschule oft die guten Schüler, die das Wort führen. „Wer auf das

➡ ***Die Bedingungen** für eine erfolgreiche Schullaufbahn sind:*
- ***Ihr Kind arbeitet selbstständig** ohne dauernde Aufsicht seitens der Eltern oder der Lehrer,*
- ***Ihr Kind ist belastbar und gibt** bei Misserfolgen nicht gleich auf und*
- ***Ihr Kind ist selbstsicher genug,** sich am Unterricht zu beteiligen.*

➡ ***Erfolgserlebnisse.** Tragen Sie dafür Sorge, dass Ihr Kind auch außerhalb der Schule Erfolgserlebnisse hat. Sie können es in ganz unterschiedlichen Bereichen unterstützen: Lassen Sie es Pfannkuchen backen oder im Schwimmbad vom Drei-Meter-Brett springen. Melden Sie es in einem Feriencamp, einem Reitkurs, einem Sportverein an oder ermöglichen Sie es ihm, Schlagzeug zu spielen. Jede Herausforderung, die es gerne meistert, stärkt sein Vertrauen und Selbstwertgefühl.*

➡ ***Nicht nur Noten.** Machen Sie die Schule nicht zum alles bestimmenden Thema in der Familie.*

Gymnasium wechseln kann, ist in der Klasse meistens hoch angesehen. Und jeder möchte natürlich zu dieser Elite gehören", hat der Psychologe bei seiner Arbeit mit Kindern beobachtet.

Der Wechsel in das Gymnasium ist in der vierten Klasse oder am Ende der Orientierungsstufen das bestimmende Thema unter den Schülern. Insbesondere Eltern aus akademischen Kreisen üben einen hohen Leistungsdruck auf ihre Kinder aus. Aber auch Eltern, die entspannter mit der Schulwahl umgehen, haben Probleme, den Erfolgsdruck von ihren Kindern fern zu halten.

Kein Wunder: In zumeist städtischen Gegenden wechseln bereits 40 bis 60 Prozent aller Schüler aufs Gymnasium. Die höhere Schule ist somit zum Normalfall geworden. Wer dann nicht dabei ist, fühlt sich wie ein Außenseiter und Verlierer – hart davon betroffen sind vor allem Kinder aus sozial und ökonomisch benachteiligten Elternhäusern, ebenso die Kindergeneration, deren Eltern als einfache Gastarbeiter oder Flüchtlinge nach Deutschland kamen und oftmals weder sozial noch sprachlich integriert sind.

Wenn sich alles nur noch um Noten, Intelligenz und Erfolg dreht, reduzieren auch Sie Ihr Kind auf seine Schulleistungen und setzen es so – wie es sich selbst – unter Druck.

➡ ***Mit Sorgfalt auswählen!*** *Warten Sie in Ruhe ab, wie sich Ihr Kind entwickelt und suchen Sie dann zusammen mit seinen Lehrern die Schullaufbahn heraus, die mit ihren Anforderungen Ihrem Kind*

Geduld

Geduld im Umgang mit sich selbst

- Wenn der Baum geboren wird,
- ist er nicht sofort groß.
- Wenn er groß ist,
- blüht er nicht sofort.
- Wenn er blüht,
- bringt er nicht sofort Früchte hervor.
- Wenn er Früchte hervorbringt,
- sind sie nicht sofort reif.
- Wenn sie reif sind,
- werden sie nicht sofort gegessen.

Aegidius von Assissi

Besonders enttäuscht reagieren auch die Schüler, die den Sprung auf die höhere Schule nur knapp verpasst haben. Wer in einem Hauptfach unterdurchschnittliche Zensuren schreibt, wird bereits in der Grundschule ausgemustert.

Allerdings gibt es auch die Möglichkeit, dass der Übergang von der Grundschule in das Gymnasium für ein Kind einfach zu früh kommt. „In einem Jahr passiert in der Entwicklung eines Neun- und Zehnjährigen sehr viel. „Kleine“ Entwicklungsverzögerungen können sich daher gravierend bemerkbar machen“, erklärt Diekmeyer. Aus entwicklungspsychologischer Sicht ist dieses „völlig im Rahmen, das Kind wird das volle Niveau auf jeden Fall erreichen, nur eben später“.

Die Entscheidung für eine Schulform muss aber meistens schon zu Beginn des zweiten Schulhalbjahres der vierten Klasse fallen. Es wäre wünschenswert, wenn es Eltern gelänge, ihr Kind von vornherein so weit in seiner Selbstachtung zu stärken, dass es sich nicht besser oder schlechter als andere fühlt. Denn nicht jedes Kind muss auf eine weiterführende Schule, oder später gar studieren.

gerecht wird. Denn nur so hat es Spaß am Lernen und auch Erfolg stellt sich ein. Ein zufriedener Haupt- und Realschüler wird seinen Weg erfolgreicher gehen als ein ständig verzweifelter Gymnasiast.

➡ ***Noch besteht Hoffnung.*** *Das Gymnasium oder die Realschule sollten als Ziel nicht zu früh abgehakt werden. Nach dem Halbjahreszeugnis kann Ihr Kind einen Sprung machen, der nicht vorhersehbar ist:*

- ***Es kann konzentrierter werden,***
- ***in der Rechtschreibung oder*** *Mathematik aufholen und*
- ***durch Erfolgserlebnisse selbst****bewusster werden.*

➡ ***Späte Chancen.*** *Gerade heutzutage gibt es im Laufe der Jahre noch genügend Möglichkeiten den Realschulabschluss oder das Abitur nachzumachen. Einige Hochschulen bieten sogar die Möglichkeit, auch ohne Abitur zu studieren. In diesem Punkt ist das deutsche Bildungssystem vorbildlich in der Welt und lässt alle Chancen offen.*

Übertrittsregeln in den einzelnen Bundesländern

Baden-Württemberg: Mit Notendurchschnitt 3,0 in den Hauptfächern Besuch der Realschule nach der 4. Klasse möglich. Verlangter Schnitt für das Gymnasium: 2,5. Bei schlechteren Noten muss für beide Schulen eine Aufnahmeprüfung abgelegt werden.

Bayern: Realschule mit Schnitt 2,5 im Modellversuch nach der 4. Grundschulklasse oder 6. Hauptschulklasse. Gymnasium mit Schnitt 2,3 nach der 4. Klasse. Bei schlechteren Noten an beiden Schulen Aufnahmeprüfung.

Berlin: Bis zur 6. Klasse werden alle Schüler eines Jahrgangs gemeinsam an der Grundschule unterrichtet, danach entscheiden die Eltern, welche Schule ihr Kind besucht.

Brandenburg: Sechsstufige Grundschule, dann Elternentscheidung.

Bremen: 5. und 6. Klasse als Orientierungsstufe für alle Schüler, dann Elternentscheidung.

Hamburg: 5. und 6. Klasse Beobachtungsstufe an Haupt-, Realschule oder Gymnasium – je nach Elternentscheidung. Notwendiger Notendurchschnitt für 7. Realschulklasse 3,0; für das Gymnasium 2,5.

Hessen: Nach der 4. Klasse Elternentscheidung zwischen Hauptschule, Realschule, Gymnasium und zweijähriger Förderstufe möglich.

Mecklenburg-Vorpommern: Eltern entscheiden, welche Schule ihr Kind besucht.

Niedersachsen: 5. und 6. Klasse Orientierungsstufe für alle, danach Elternentscheidung.

Nordrhein-Westfalen: Elternentscheidung nach der 4. Klasse.

Rheinland-Pfalz: Elternentscheidung nach der 4. Klasse.

Saarland: Elternentscheidung nach der 4. Klasse.

Sachsen: Besuch des Gymnasiums nach der 4. Klasse mit Notenschnitt 2,5 aus Deutsch und Mathematik möglich.

Der Wege sind viele. Heute gibt es viele Möglichkeiten auf weiterführende Schulen zu wechseln. Für die Schüler ist das aber oft nur schwer zu durchschauen.

Sachsen-Anhalt: 5. und 6. Klasse Förderstufe für alle, danach Aufnahmeprüfung für Gymnasien mit inhaltlichen Schwerpunkten, Besuch anderer Gymnasien ohne Prüfung möglich.

Schleswig-Holstein: Elternentscheidung nach der 4. Klasse.

Thüringen: Besuch des Gymnasiums mit Schnitt 2,0 aus den Hauptfächern oder mit einer Empfehlung der Klassenkonferenz möglich, sonst Aufnahmeprüfung.

Emotionale Entwicklung

Schule auf dem Prüfstand

Die erste Aufgabe der Schule besteht darin, Wissen und Kenntnisse zu lehren, die zweite Aufgabe ist es, Schüler zu erziehen. Dazu gehört die Vermittlung wichtiger gesellschaftlicher und ethischer Werte sowie die Förderung der Reife zur Persönlichkeit. Die Schule ist nach der Familie der bedeutendste Bereich, in dem Kinder etwas über Menschen, soziale Beziehungen und Werte lernen.

➡ ***Beziehungen.** Ihr Kind hat viele Beziehungen in der Schule. Von besonderem Gewicht sind seine Klassenkameraden und sein Klassenlehrer. Nicht nur für Eltern ist es wichtig zu wissen, wie ihre Kinder in der Schule vorankommen. Sie müssen Ihrem Kind zeigen, dass Sie interessiert sind und Anteil nehmen, ohne dabei zudringlich zu sein.*

Schritte der Entwicklung

- Hilfsbereitschaft und Selbstlosigkeit nehmen zu.
- Freundschaften werden stabil.
- Es entwickelt sich gutes Krisenmanagement in der Gruppe, Gerechtigkeitsgefühl und Unrechtsbewusstsein.
- Ihr Kind kann in einem Konflikt verschiedene Perspektiven einnehmen.
- Schwarz-Weiß-Denken herrscht vor. Ein differenziertes Urteil ist noch nicht möglich.
- Einschlaf- und Verlassenheitsängste kommen immer wieder einmal vor.
- Diffuses Unwohlsein bei Mädchen hängt meist mit dem Beginn der Pubertät zusammen, sollte aber im Auge behalten werden.
- Jungen sind insgesamt noch kindlicher und verspielter, dafür emotional stabiler.
- Der Aufenthalt in größeren Gruppen wird beliebter.
- Das geschlechtstypische Rollenspiel und –verhalten wird ausgeprägt.

Die meisten Eltern geben jedoch der Schule schlechte Noten und beklagen, dass die Erziehungsfunktion seit Jahren versäumt wird. Die Lehrer selbst haben in punkto Erziehung offenbar das Handtuch geworfen. "Deren Mehrheit sieht sich zwar in der Verantwortung, ihren Einfluss – in Konkurrenz zu Medien und den Altersgenossen der Schüler – schätzen aber auch Pädagogen als gegen Null strebend an", weiß der Philosoph und Literaturwissenschaftler Edgar Piel.

Anspruch und Wirklichkeit von dem, was Schule soll und kann, klaffen weit auseinander. "Denn in den letzten 30 Jahren ist der Konsens über Werte und Werte-Orientierung in der Bevölkerung weitgehend zerbröselt", erklärt Piel. Ein Großteil der Eltern ist sich zwar darüber einig, dass Kinder in der Schule selbstständiges Arbeiten lernen und Selbstbewusstsein entwickeln sollen. Bei den übrigen Erziehungszielen scheiden sich jedoch die Geister.

Erstaunlich, da aggressives und gewalttätiges Verhalten bereits in der Grundschule eingezogen sind. Ebenso sind Suchtprobleme bei Neunjährigen zigarettenrauchen-

Woran sollen sich Kinder orientieren?

***Für Werte eintreten.** Viel ist davon die Rede, dass Kinder Werte brauchen, aber wenig davon, dass auch Eltern diese brauchen. Nicht nur als Familie und Beziehungseinheit, sondern ebenso als Gruppe. Regionale und überregionale Elternverbände können viel dafür tun, die offensichtlichen Missstände nicht nur zu diskutieren, sondern auch konkrete Verbesserungsvorschläge zu machen.*

***Leider finden nur wenige Eltern die** Zeit, sich auch über ihr inhärentes Interesse mit anderen zusammenzutun. Über den Elternabend geht das Engagement selten hinaus, und auch dort sieht man meistens nur die Gleichen. Den wichtigsten* den Jungs und magersüchtigen Mädchen keine Seltenheit, sondern Realität. Über die Hälfte einer Klasse sind verhaltensauffällige Kinder – und damit ein Spiegel der Gesellschaft. Die Kinder schreien nach Hilfe und stehen vor hilflosen Erwachsenen.

Ablehnung und Nichtbeachtung

In jeder Schulklasse gibt es Kinder, die entweder nicht beachtet oder abgelehnt werden: die Außenseiterkids. Die abgelehnten Kinder werden mit negativen Emotionen und Beschreibungen belegt. Die Nichtbeachteten dagegen haben zwar auch keine Freunde, aber sie werden emotional entweder neutral oder positiv belegt. Somit ist die eigentliche Problemgruppe die der Abgelehnten.

Die abgelehnten Kinder zeigen ein deutlich abweichendes Verhalten, sind zurückgezogen, im Kontakt dann aber aggressiv. Sie necken und piesacken gerne Andere und zeigen wenig prosoziales, d. h. fürsorgliches Verhalten. Nichtbeachtete Kinder sind ebenfalls häufig zurückgezogen, aber unauffällig und nicht aggressiv.

Erziehungsauftrag haben immer und zuerst die Eltern. Daran sollten Sie denken, wenn Sie auf einem Eltern- oder Kegelabend die Lehrer als „Prügelknaben der Nation“ für erzieherische Missstände verantwortlich machen.

➡ ***Ausgrenzung. Fragen Sie Ihr Kind,*** *ob es in seiner Klasse auch Kinder gibt, die es ablehnt oder die nicht akzeptiert werden. Fragen Sie auch, ob Ihr Kind selbst schon mal in Situationen war, in denen es das Gefühl hatte, von seinen Mitschülern nicht ernst genommen worden zu sein. Die Gründe Neunjähriger für Ausgrenzungen unterliegen einer eigenen Gruppennorm: „Falsche“ Kleidung, „komisches“ Sprechen sind ebenso Gründe wie eine „Heulsuse“ oder eine „Petze“. Erklären Sie Ihrem Kind, was es heißt, von Anderen nicht akzeptiert zu werden. Schlagen Sie dem Lehrer vor, Rollenspiele zu spielen. Das bringt nicht nur Spaß, sondern fördert die Fähigkeit unterschiedliche Perspektiven einzunehmen; es unterstützt Mitgefühl, Hilfsbereitschaft und Toleranz.*

Warum Kinder sich nicht alles gefallen lassen dürfen

Sich gegen gemeine Äußerungen oder Angriffe zu wehren ist für Kinder nicht immer einfach. Die Temperamente und Persönlichkeiten sind oftmals sehr unterschiedlich, und nicht jedem Kind fällt es leicht „nein" zu sagen, sich dem Gruppenterror zu entziehen oder sich einfach mit rechten Mitteln zu wehren.

Auch die Erziehung spielt eine Rolle: Das eine Kind wird zur Bescheidenheit erzogen, das andere dazu, sich „nicht unterbuttern" zu lassen. Fakt ist: Kinder brauchen Wehr-Strategien, doch sich richtig zu wehren, ist eine komplizierte Angelegenheit.

Kinder, die sich nicht wehren, haben oft die Erfahrung gemacht, dass sie mit dieser Strategie besser durchkommen. „Die Grundlagen dafür werden schon früh gelegt: Im Elternhaus, in der Krabbelgruppe, im Kindergarten und in den ersten Schuljahren kommen Kinder immer wieder in Situationen, die Wehr-Strategien erfordern. Doch häufig haben sie dabei nicht die Möglichkeit, sich diese

Wehrstrategien I

Bei Beschimpfungen:
Es gibt leider Kinder, denen macht es Spaß, Andere zu beschimpfen. Wenn die sich nicht wehren, macht es ihnen noch mehr Spaß.
Die Strategie: Wenn Ihr Kind nicht mit den gleichen Worten wie „dumme Kuh", „blöder Penner" oder „doofe Schleimkröte" zurückschlagen will, hilft der altbewährte Spruch: „Selber, selber, lachen alle Kälber, lacht der ganze Hühnerhof, und du bist doof."

Bei Hänseleien:
Es gibt auch Kinder, die suchen sich jeden Grund um andere zu ärgern. Man hackt auf offensichtlichen Problemen oder reinen Äußerlichkeiten herum. „Fetti", „Mops" oder „Brillenschlange" sind beliebte Titulierungen.
Die Strategie: Um nicht genauso fies zu sein wie der Angreifer, kann man diesen vorwarnen: Wenn Du nicht aufhörst, nenne ich dich Ober-Mops, Kröte oder Petze. Das hört kein Kind gern.

Strategien individuell zu erarbeiten“, schreibt die Journalistin Franziska Pfeifer.
Kinder haben die besondere Begabung, sich genau diejenigen rauszupicken, die sich am wenigsten wehren können. Ein fataler Kreislauf. Denn die meisten Eltern und Lehrer fördern das Sich-Nicht-Wehren oft unbewusst. ”Indem sie das brave Kind loben, das nicht gleich zurückschlägt, das keine Schimpfworte gebraucht und Konflikte gar nicht erst eskalieren lässt“, so Franziska Pfeifer.

Das ist aber nur die halbe Wahrheit. Besonders Mädchen wird heute seitens der Eltern eingetrichtert, sich ja nichts gefallen zu lassen. Die Pausenwirklichkeit in den Schulen zeigt, dass heute mehr Mädchen munter auf Jungs losgehen als umgekehrt. Diese haben ja gelernt, dass man Mädchen nicht schlägt. Wenn sie zurückhauen, bekommen nicht die Mädchen Ärger – sondern die Jungen.

Wehrstrategien II

Bei Schlägen:
Es gibt Kinder, die hauen andere nur, um ihre eigene Wut abzulassen. Meist trifft es die, von denen sie keinen Gegenangriff erwarten.
Die Strategie: Zuerst muss Ihr Kind warnen: „Wenn du das noch mal machst, haue ich zurück.“ Ist Ihr Kind genauso stark, darf es das auch mal tun. Sonst braucht es Verbündete: Lehrer, die Eltern, den großen Bruder oder die große Schwester, mit denen es droht.

Bei Gruppenterror:
Nur weil Ihr Kind mit einem anderen Streit hat, hetzt es die ganze Klasse auf. Ihr Kind steht ganz allein mit dem Rücken zur Wand. Keiner will mit ihm spielen, und die anderen werden immer frecher.
Die Strategie: Da helfen nur starke Freundschaften, echte Verbündete, – und Eltern, die das Kind unterstützen. Ein schlichtendes Gespräch mit dem Anstifter wirkt oftmals Wunder. Und dann wird gemeinsam ein Eis gegessen.

Schlafschwierigkeiten

All die spannenden Erlebnisse und Anforderungen wollen im Schlaf verarbeitet werden, doch vielen Neunjährigen fällt das Umschalten vom hellen Tag mit seinen Aufregungen in die ruhige und dunkle Nacht schwer. Sie leiden an Schlafschwierigkeiten, haben Angst vor Dunkelheit, vor Schatten oder vor dem Alleinsein. Ein tägliches Einschlafritual kann hilfreich sein. Studien haben außerdem gezeigt, dass Kinder, die abends regelmäßig und nach einem vorgeschriebenen Ablauf ins Bett finden, schneller ein- und durchschlafen.

Auch Eltern brauchen Zeit für sich

Dass Kinder glückliche Eltern für ihren Lebensweg brauchen, ist mehr als eine Binsenweisheit: Viele Familien sind heute erschöpft, reizbar und chronisch überlastet. „Überlastete Eltern erreichen irgendwann einen Punkt, an dem sie nicht mehr liebevolle, fürsorgende Eltern sein können“, so Steve Biddulph.

Jeder Mensch braucht Nähe, Liebe, Aufmerksamkeit und Geborgen-

In´s Bett

Abends heißt es:
„Du musst schlafen.
Marsch ins Bettchen, Kind!
Geschwind!“
Doch es gibt halt tausend Sachen,
Die noch zu besorgen sind.

Erst muss ich mein Handtuch
finden,
Zähne putzen dann zur Nacht.
Und wer will, kann mit mir balgen:
Spaß macht eine Kissenschlacht.

Dann muss alles ich mir holen,
Was ins Bett ich kriegen kann -
Murmeln, Bälle, Fips den Affen
und die neue Eisenbahn.

Schwimmt in meinem Glasbehälter
Noch die Kaulquappe rum?
Kann ich noch wie gestern kopf-
stehen,
Oder falle ich jetzt um?

Endlich hops ich in die Federn,
Mache beide Augen zu.
Halt! Ich brauch noch was
zu trinken!
Nun ist Frieden. Gute Ruh´ ...

Marchette Chute

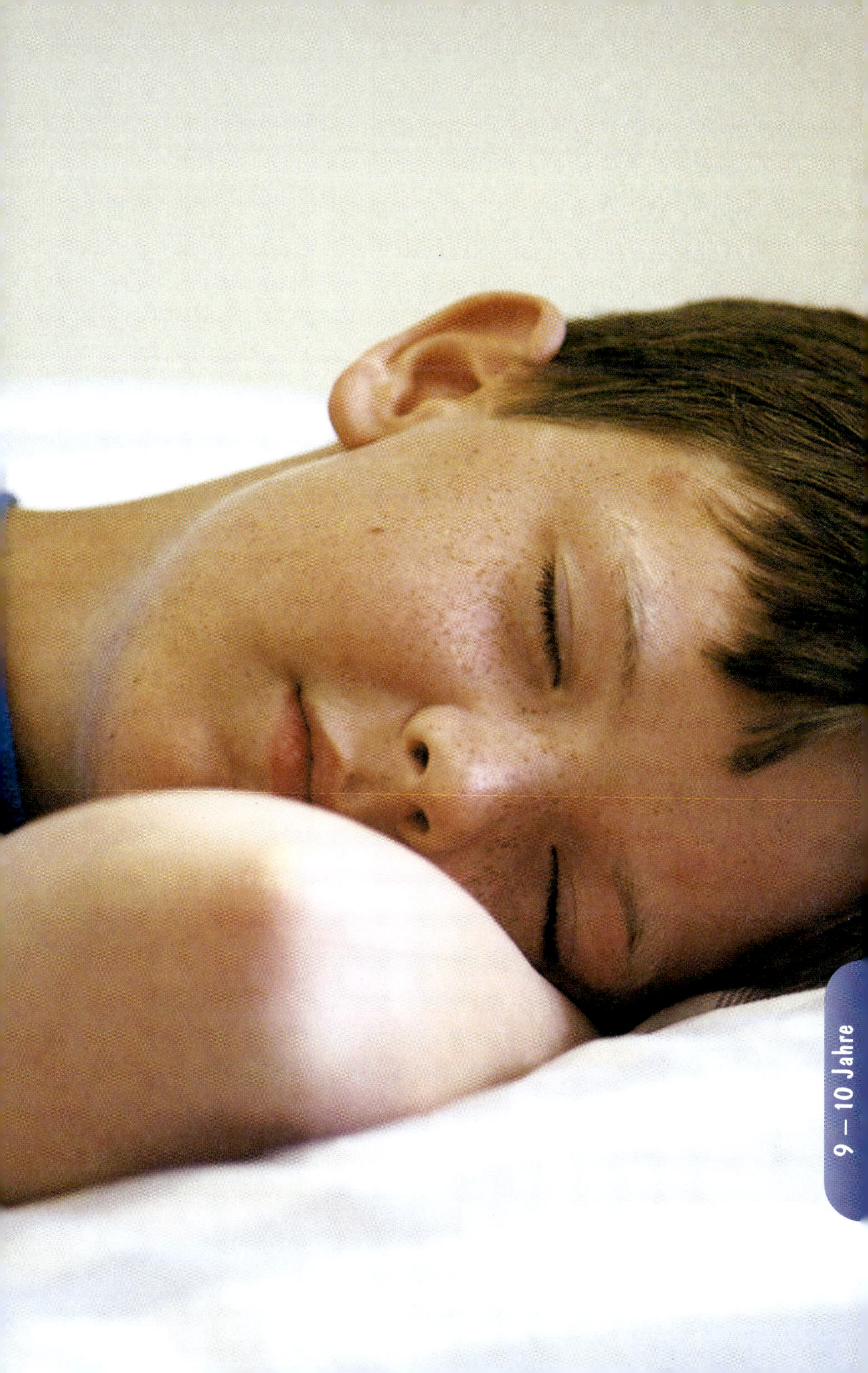

heit – davon sind Mutter und Vater nicht ausgenommen. Der 24-Stunden-Job der Elternschaft kann manchmal an den Rand der Belastungsfähigkeit und zum Nervenzusammenbruch führen. Die Gefahr ist, dass Sie über kurz oder lang total ausbrennen.

„Auszubrennen bedeutet für die Betroffenen eine Erfahrung, die am Lebensnerv und Selbstwertgefühl nagt", so der Psychologe Eckhart H. Müller. Es ist ein schleichender Prozess, der sich oftmals über Monate und Jahre erstreckt. „Burnout" gefährdet sind besonders Familien. Wenn auch nur ein Mitglied, sei es Vater oder Mutter, ausgebrannt ist, trifft es zusätzlich mindestens eine weitere Person: das Kind.

Um das zu vermeiden, müssen auch Eltern lernen ihre Grenzen abzustecken. Zeit für sich selber zu finden und Energie zu tanken und zwar regelmässig, bevor die eigenen Bedürfnisse so sehr zurückgesteckt sind, dass man sie nicht mehr spürt. Selbstbewusste und glückliche Kinder haben selbstbewusste und glückliche Eltern, die mit den Höhen und Tiefen des Lebens klarkommen.

Grenzen setzen

Gegen das „Ausbrennen"

Viele Kinder haben ein Schild an ihrer Kinderzimmertür, auf dem es heißt „Bitte nicht stören". So wie Sie das Recht Ihres Kindes auf Ruhe und Privatsphäre auch akzeptieren, sollte auch Ihr Kind lernen, Sie zu bestimmten Zeiten in Ruhe zu lassen – außer, es braucht Ihre Hilfe.

Richten Sie sich einen eigenen, schönen Bereich ein, den Ihr Kind nicht ohne zu fragen betreten darf, wo Sie sich richtig wohl fühlen und entspannen können und in den Sie sich jederzeit zurückziehen können.

Verbringen Sie jeden Tag eine halbe Stunde voll konzentriert mit Ihren Kindern, anstatt widerwillig stundenlang mit halber Aufmerksamkeit bei der Sache zu sein.

Tun Sie regelmäßig etwas, was nicht mit Elternsein zu tun hat, sondern Erwachsenen Spaß macht.

Fahren Sie mit Ihrem Partner auch mal ein Wochenende weg – ohne Kind und Kegel.

Adressen die weiterhelfen

Adressen rund um die Schule

Arbeitskreis katholischer Schulen in freier Trägerschaft in der Bundesrepublik Deutschland
Kaistr. 163
53113 Bonn

Bundesverband Legasthenie e.V.
Königsstr. 32
30175 Hannover
Tel.: 0511/31 87 38

Bundesverband zur Förderung Lernbehinderter e.V.
Rolandstr. 61
50677 Köln
Tel.: 0221/38 06 66

Bundesvereinigung Stotterer Selbsthilfe e.V.
Gereonswall 112
50670 Köln
Tel.: 0221/139 11-06/-07

Deutsche Gesellschaft für das hochbegabte Kind e.V.
Sondershauser Str. 80
12249 Berlin
Tel.: 030/711 77 18

Eltern- und Familienberatung

Bundesarbeitsgemeinschaft für Familien-Mediation e.V. (Regelung von Konflikten in ehelichen, nicht ehelichen und nachehelichen Beziehungen)
Haspelstr. 24
35037 Marburg
Tel.: 06421-250 96

ISUV Interessensverband Unterhalt und Familienrecht (Hilfestellung bei Trennung und Scheidung)
Bauvereinstr. 30
90489 Nürnberg
Tel.: 0911/55 04 78

Verband allein Erziehender Mütter und Väter e.V.
Beethovenallee 7
53173 Bonn
Tel.: 0228/35 29 95

Verband binationaler Familien und Partnerschaften
Ludolfstr. 2-4
60487 Frankfurt a. M.
Tel.: 069/713 75 60

IETE-Intakte Elternschaft trotz Trennung und Scheidung e.V.
Germersheimer Str. 26
81541 München
Tel.: 089/49 64 11

Evangelischer Schulbund e.V.
Postfach 120
26965 Bujadingen
Tel.: 04736/416

Institut für Mathematisches Lernen und Praxis für Dyskalkulie Diagnostik und Therapie bei Problemen in Mathematik
Grindelberg 45
20144 Hamburg
Tel.: 040/422 42 21

Verband Bildung und Erziehung
Westfalendamm 247
44141 Dortmund
Tel.: 0231/43 38-61/-62/-63

Online Adressen

www.kindex.de
Infos zu Alleinerziehung, Sorgerecht u.a.

www.elternforum.de
Informationsplattform für Eltern

www.ringpaed.de
Initiative für eine moderne Schule

www.blindekuh.de
Beste Internetseite für Kinder. Geschichten zu vielen Wissensgebieten, Spiele u.v.m.

Bücher zum weiterlesen

Aust-Claus, Elisabeth;
Hammer, Petra-Marina:
Auch das Lernen kann man lernen: vom Kindergarten in die Schule.
(Oberstebrink)

Diekmeyer, Ulrich:
Das Elternbuch. Unser Kind im sechsten Lebensjahr.
(Rowohlt)

Drescher, John:
7 Dinge, die Ihr Kind braucht. 8 Dinge, die Ihre Familie braucht.
(Schulte & Gerth)

Frenkel, Xenia:
Kindern Werte mitgeben. Worauf es ankommt und wie es gelingt.
(Herder)

Hetzer, Hildegard, Todt, Eberhard (Hg.):
Angewandte Entwicklungspsychologie des Kindes- und Jugendalters.
(UTB)

Köckenberger, Helmut:
Kinder müssen sich bewegen. Spielend lernen und wachsen.
(Ravensburger)

Largo, Remo H.:
Kinderjahre. Die Individualität des Kindes als erzieherische Herausforderung.
(Piper)

Lewis, Paul:
Alles, was Ihr Kind braucht. Das 1x1 für starke und selbstbewusste Kinder.
(Brendow)

Molcho, Samy:
Körpersprache der Kinder.
(Mosaik Verlag)

Naegele, Ingrid M.; Haarmann, Dieter (Hg.):
Schulanfang heute. Ein Handbuch für Elternhaus, Kindergarten und Schule.
(Beltz)

Osborne, Elsie; Miller, Lisa; Lush, Dora:
Versteh dein Schulkind. Ein praktischer Elternratgeber für das 8. bis 10. Lebensjahr.
(Beltz)

Stiftung Warentest:
Handbuch Kinder ...von winzig klein bis ganz schön groß.
(Stiftung Warentest)

Spielebücher

365 fernsehfreie Tage!:
Spielideen für jeden Tag.
(Companions)

Cavelius, Andrea-Anna:
Rituale für Kinder in Reimen, Liedern und Fingerspielen.
(Südwest)

Diekmeyer, Ulrich:
Das Familienbuch: mit Kindern glücklich leben.
(Ravensburger)

Diem, Walter:
Spielausflüge. Rallyes und Spiele im Grünen.
(Rowohlt)

Mala, Matthias:
Schnelle Spiele für kleine Quälgeister. Ein Ideenbuch für Eltern.
(Augustus)

Stichwortverzeichnis